- Saisonalität
  - ○ Winterpflanzen, wie zum Beispiel verschiedene Kohlgewächse, versorgen uns mit Unmengen von Vitamin C und Bitterstoffen. Zwei Faktoren, die unser Immunsystem bei der Abwehr von der Kälte und den typischen Infekten in der Winterzeit unterstützen.
  - ○ Sommerpflanzen wie zum Beispiel Gurken, Tomaten aber auch Zitrusfrüchte kühlen unseren aufgeheizten Körper und versorgen uns mit viel Wasser.
  - ○ Außerdem müssen bei saisonalen Pflanzen weniger chemische Helferlein eingesetzt werden, da die passenden Umweltfaktoren das Wachstum sowieso fördern.
- Regionalität
  - ○ Damit einher geht auch der Faktor der Regionalität. Regionale pflanzliche Lebensmittel werden reif geerntet und haben somit alle Nährstoffe entwickeln können. Im Gegensatz dazu wird Obst und Gemüse aus ferneren Ländern unreif geerntet und nur durch den Einsatz von chemischen Mitteln unnatürlich "nachgereift" - bzw. nur nach-gefärbt. Die Dichte der Nährstoffe und auch der Geschmack kann dabei niemals mit regionalen Lebensmitteln mithalten. (Sie haben es vielleicht schon selber erlebt, dass eine Südfrucht aus dem jeweiligen Ursprungsland dort im Urlaub viel süßer und vollmundiger schmeckt als die gleiche Frucht aus dem zentraleuropäischen Supermarkt).
- Pflanzenbasierte Ernährung
  - ○ Ja, diese Basis teilen selbst die Anhänger der Fleischdiät mit den Veganern. Denn bei der Fleischdiät geht es auch um Fleisch von Tieren, die sich artgerecht, sprich von vielen Gräsern und Kräutern ernährt haben. Die Masse an Getreide in der heutigen Ernährung - egal ob bei Mensch oder Tier - entspricht nicht der natürlichen Ernährungsweise. Sie macht uns krank, dick und manche behaupten sogar dumm (das weist auf die Schädigung der neuronalen Netzwerke hin, die durch den Konsum von Kohlenhydraten passiert hin). Pflanzen im Sinne von Gemüse, Kräutern, Salaten, Sprossen, in geringen Mengen Obst, Nüsse, Samen, etc. liefern neben den viel beschriebenen

Vitaminen und Mineralstoffen vor allem sekundäre Pflanzenstoffe, die herausragende Heilwirkung haben. So werden eine Vielzahl unserer Medikamente auf Basis der natürlich vorkommenden Pflanzenstoffe nachgebaut. Allerdings sind da diverse Säuren und andere Wirkstoffe extrahiert und wirken nur alleine - mit den Pflanzen selbst nehmen wir sie in einer reichhaltigen und sich gegenseitig verstärkenden Kombination vielerlei wirksamer Stoffe zu uns.

Ja zusätzlich zu diesen 3 großen Punkten gibt es immer noch sehr viel zu beachten. Ein optimales Verhältnis von Omega 3 zu Omega 6 Fettsäuren (empfohlen wird 1:3), eine individuell und situationsbedingte Eiweißversorgung und so weiter.

Eine ganz gute und einfache Richtlinie für die alltägliche Ernährung bietet der ideale Teller. Der sieht so aus, dass möglichst jede Mahlzeit zur Hälfte aus pflanzlichen Bestandteilen besteht, ein Viertel der Eiweißversorgung dient und ein Viertel die Mahlzeit durch gute Fette und eventuell Kohlenhydrate abrundet.

Die Feinjustierung rund um die Zubereitungsarten, die Zusammenstellungen und so weiter sehe ich als sehr individuell an. Es gibt meines Erachtens nicht die 1 perfekte Ernährung. Es gibt so viele großartige Philosophien und Studien, die alle wunderbare Heilungen berichten und sich dabei aber gegenseitig ausschließen. Was auf den ersten Blick vielleicht paradox wirkt, eröffnet bei näherer Betrachtung ganz viele Möglichkeiten des Probierens und neuer Chancen.

Neben der Ernährung werden noch folgende Faktoren genannt:
- die Giftstoffbelastung in unserer Umwelt sowie in Pflegeprodukten oder eben in der Ernährung
- eine Balance aus Aktivität, (kurzzeitigem) Stress und der Entspannung wie auch Schlaf
- Aufarbeitung der emotionalen Wunden aus der Vergangenheit und Steigerung der Resilienz
- Biologische Zahnheilkunde
- eine optimierte Versorgung durch Heilkräuter, Heilpilze udgl.
- Früherkennung durch bewährte und schonende Verfahren

1.2 Beschreibung

Ausgleich des großen Flüssigkeits- und Elektrolytverlustes sowie Vermeidung großer Gewichtsverluste und Wiederherstellung eines ausreichenden Ernährungszustandes.

1.3 Therapiestrategie

Mit total parenteraler Ernährung (akute Schockphase) beginnen
- Schrittweiser Übergang auf hochkalorische Sondenernährung, je nach Schluckfähigkeit, Appetit und Toleranz orale Ernährung
- Leicht verdauliche Speisen in geeigneter Konsistenz (eventuell Flüssig- oder Breikost)
- Reichlich Flüssigkeit
- Kalorien (35-45 kcal/kg Körpergewicht) erhöhen
- Eiweißbedarf erhöht - eiweißreiche Zusatznahrung (2-3 g pro kg KG)
- Häufige, kleine Mahlzeiten (energie- und eiweißreiche Zwischenmahlzeiten!)
- Vitaminsubstitution

1.4 Vermeiden

Lebensmittel und Kräuter, welche das Urinieren anregen meiden, um Wasserverlust zu vermeiden.

---

2 Speiseplan

Kkal. p. Portion

2.1 Frühstück

Bohnenpasta pikant süß...311,0
Brokkoli-Parmesan-Aufstrich auf Toastbrot....................148,0
Bulgur mit Tomaten und frischen Kräutern......................205,0
Erbsengericht 406,0
Fischsuppe mit Rosmarin...271,3
Frischkäseersatz 526,0
Frühstück mit Käse..512,1
Herzhaftes Winterfrühstück 678,0
Hirse mit Ei und Butter 338,0
Hüttenkäse mit gedünstetem Obst 214,5

2.2 Jause

2.3 Mittag

2.4 Nachmittag

2.5 Abend

3 Rezepte

empfehlenswert = Sie können mehr verwenden
wenig = wenn möglich weniger verwenden
weniger als angegeben = möglichst nicht verwenden

3.1 Andalusischer Fischtopf

Stärkt Immunsystem, beugt Krebs vor, löst Stagnation, fördert
Gewichtsabnahme, regt Appetit an. Gut bei Abwehrschwäche,
Appetitlosigkeit, Blähungen, Bluthochdruck, Depressionen, Diabetes,
Durchfall.

Anzahl Portionen: 4
Kalorien p. Portion 348
Gramm p. Portion 355,05
Kochdauer ca. 30 Min.
Allergene: ADLO
(Kohlehydrat:71,39% / Eiweiß & Fett:28,61%)
100g.≈ Eiweiß 20,04g. Fett:6,52g.

Zutaten:

Grundrezept für eine Gemüsebrühe nahrhaft 500 ml. / 500g. (ja)
Zwiebel Frühlingszwiebel 2 Stück / 40g. (ja)
Olivenöl 1 EL / 20g. (empfehlenswert)
Zitrone Schale 1/2 Stück / 3g. (ja)
Lorbeerblatt 1 Stück / 1g. (ja)
Kartoffel 200 g / 200g. (ja)
Kabeljau 300 g. / 300g. (ja)
Weißwein 4 EL / 80g. (ja)
Zitrone Saft 1/2 EL / 10g. (ja)
Salz 1 Prise / 1g. (ja)
Pfeffer gemahlen 1 Prise / 0,2g. ()
Petersilie 1 EL / 15g. (ja)
Weißbrot (Weizenbrot) 8 Scheiben / 250g. (ja)

Kochanleitung:

Gemüsebrühe mit kleingeschnittenen Frühlingszwiebeln, Olivenöl,
abgeriebener Zitronenschale und Lorbeerblatt zum Kochen bringen und
zugedeckt 10 Min. kochen. Geschälte, kleingewürfelte Kartoffeln
zufügen und in ca. 8 Min. fast weich kochen. Fischstücke und Weißwein
zugeben und den Herd auf kleine Stufe schalten. In der leicht
kochenden Brühe den Fisch in wenigen Minuten gar ziehen lassen. Mit
Zitronensaft, Salz und Pfeffer abschmecken und mit Petersilie bestreut
servieren. Als Beilage Weißbrot dazu reichen.

3.2 Bandnudeln mit Blattspinat

Fördert Verdauung und Durchblutung, stärkt Magen und Darm, verbessert Bauchspeicheldrüsenfunktion. Gut bei Appetitlosigkeit, Blähungen, Darmentzündungen, Fettsucht, Magengeschwüren, Magenkrämpfen, Rheuma, Sodbrennen, Zwölffingerdarmgeschwüren.

Anzahl Portionen: 2
Kalorien p. Portion 723
Gramm p. Portion 317,5
Kochdauer ca. 45 Min.
Allergene: ACG
(Kohlehydrat:59,52% / Eiweiß & Fett:40,48%)
100g.≈ Eiweiß 22,78g. Fett:36,63g.
µg. - Ph:63,29 Na:34,15 Ka:107,6 Mg:22,1 Ca:56,13 Fe:0,98 Zn:0,22 Col.:8,06 Hsr.:39,35

Zutaten:
Spinat 250 g. / 250g. (ja)
Salz 1 Prise / 1g. (ja)
Nudeln (Weizen, Bandnudeln) mit Ei 200 g. / 200g. (ja)
Olivenöl 1 EL / 15g. (empfehlenswert)
Zwiebel Frühlingszwiebel 1 Stück / 20g. (ja)
Sahne, süß 30% 100 ml. / 100g. (empfehlenswert)
Creme fraiche 1/2 EL / 6g. (empfehlenswert)
Thymian getrocknet 1/2 TL / 2g. (ja)
Basilikum (frisch) 1/2 TL / 2g. (ja)
Oregano getrocknet 1/2 TL / 2g. (ja)
Muskatnuss 1 Prise / 0,5g. (ja)
Pfeffer gemahlen 1 Prise / 0,5g. ()
Parmesan 20 g. / 20g. (empfehlenswert)
Pinienkerne 1 EL / 15g. (empfehlenswert)
Schwarzkümmel 1 Prise / 1g. (ja)

Kochanleitung:
In einem geschlossenen Topf den tropfnassen Spinat mit etwas Salz 3 Min. zusammenfallen und in einem Sieb abtropfen lassen. Danach fein schneiden. Bandnudeln in reichlich Salzwasser bissfest kochen. Öl in einer beschichteten Pfanne erhitzen und in Ringe geschnittene Jungzwiebeln darin weich dünsten. Sahne, Crème fraîche, Thymian, Basilikum, Oregano und Muskat dazugeben. Die Soße unter Rühren etwas einkochen lassen, Spinat untermischen und kurz erhitzen und mit Muskat, Salz und Pfeffer abschmecken. Nudeln abgießen und abtropfen lassen und mit dem Spinat vermischen. Bei Bedarf mit Salz und Pfeffer nachwürzen. Nudeln portionieren und mit Parmesan und Pinienkernen anrichten. Den Schwarzkümmel drüberstreuen.

3.3 Bärlauch-Pesto

Verbessert die Fließeigenschaften des Blutes, hat hohen Vitamin-C-Gehalt, gut bei Arteriosklerose und Bluthochdruck.

Anzahl Portionen: 2
Kalorien p. Portion 796
Gramm p. Portion 165,65
Kochdauer ca. 10 Min.
Allergene: G
(Kohlehydrat:4,31% / Eiweiß & Fett:95,69%)
100g.≈ Eiweiß 14,02g. Fett:82,66g.
µg. - Ph:81,99 Na:64,48 Ka:108,53 Mg:26,4 Ca:78,93 Fe:1,31 Zn:0,29 Col.:1,95 Hsr.:2,53

Zutaten:
Bärlauch (Knoblauchspinat) 125 g. / 125g. (ja)
Parmesan 30 g. / 30g. (empfehlenswert)
Pinienkerne 50 g. / 50g. (empfehlenswert)
Olivenöl 125 g. / 125g. (empfehlenswert)
Salz 1 Prise / 1g. (ja)
Pfeffer gemahlen 1 Prise / 0,3g. ()

Kochanleitung:
Frischer Bärlauch: Bärlauchblätter waschen, vorsichtig abtrocknen und in feine Streifen schneiden. Getrockneter Bärlauch: ca. 80 g in 40 ml Wasser 10 Min. quellen lassen. Pinienkerne vorsichtig hellbraun anrösten und mit einem großen Messer sehr fein schneiden oder in einer Mühle reiben. Einige der Kerne zum Garnieren aufheben. Alle Zutaten in ein hohes Gefäß geben und mit einem Mixstab zerkleinern und vermischen. Das Pesto in eine Schüssel oder in ein Glas füllen und im Kühlschrank aufbewahren (Tage bis Wochen haltbar). Man kann Bärlauch-Pesto als Soße zu Spaghetti essen; es schmeckt aber auch zu Kartoffeln oder auf Brot sehr gut.

3.4 Blattsalat mit Frischkäse

Die Bitterstoffe besitzen eine galle- und harntreibende Wirkung und fördern die Durchblutung im Verdauungstrakt mit deutlicher Verbesserung der gesamten Verdauungsfunktion. Senf verbessert Schilddrüsenfunktion und lindert rheumatische Beschwerden.

Anzahl Portionen: 1
Kalorien p. Portion 802
Gramm p. Portion 260,5
Kochdauer ca. 5 min.
Allergene: AFM
(Kohlehydrat:20,86% / Eiweiß & Fett:79,14%)
100g.≈ Eiweiß 22,11g. Fett:52,98g.
µg. - Ph:138,56 Na:312,5 Ka:257,2 Mg:28,8 Ca:84,4 Fe:0,54 Zn:0,48 Col.:0,06 Hsr.:14,6

Zutaten:
Blattsalate (bitter) 2 Portionen / 60g. (ja)
Frischkäse aus Soja 150 g. / 150g. (ja)
Senf 1 Messerspitze / 1g. (ja)
Zitrone Saft 1 Schuss / 3g. (ja)
Salz 1 Prise / 1g. (ja)
Pfeffer gemahlen 1 Prise / 0,5g. ()
Kräuter verschiedene 2 TL / 4g. (ja)
Schwarzkümmel 1 Prise / 1g. (ja)
Vollkornbrot 2 Scheiben / 40g. (ja)

Kochanleitung:
Blattsalat waschen und klein zupfen. 150 g Frischkäse, etwas Senf, einen Spritzer Zitronensaft, 1 Zehe Knoblauch, gehackte frische Kräuter, eine Prise Pfeffer und zerstoßenen Schwarzkümmel verrühren und über den Salat geben. Dazu Vollkornbrot reichen.

3.5 Bohnenpasta pikant süß

Harntreibend, senkt den Cholesterinspiegel, beugt Arteriosklerose vor, antioxidativ, fördert Verdauung, hilft Fett zu verdauen, senkt Blutdruck.

Anzahl Portionen: 1
Kalorien p. Portion 311
Gramm p. Portion 236
Kochdauer ca. 1 Stunde
Allergene: MO
(Kohlehydrat:60% / Eiweiß & Fett:40%)
100g.≈ Eiweiß 30,04g. Fett:25,6g.
µg. - Ph:193,06 Na:57,14 Ka:452,19 Mg:77,53 Ca:58,65 Fe:3,77 Zn:0,65 Col.:0,08 Hsr.:68,19

Zutaten:
Schwarze Bohnen 1 Tasse / 120g. (ja)
Ingwer frisch 2 cm. / 3g. (ja)
Boxhornkleesamen 1/2 TL / 2g. (ja)
Tomatenmark 1 EL / 10g. (ja)
Olivenöl 2 EL / 20g. (empfehlenswert)
Kürbiskernöl 1 Schuss / 3g. (empfehlenswert)
Senf 1 Messerspitze / 1g. (ja)
Rettich Meerrettich (Kren) 1 TL gerieben / 2g. (ja)
Pfeffer gemahlen 1 Prise / 0,5g. ()
Knoblauch 2 Zehen / 3g. (ja)
Salz 1 Prise / 1g. (ja)
Zucker Melasse 2-3 EL / 20g. (empfehlenswert)

Zitrone Schale 1/2 Stück / 1g. (ja)
Wasser 2 Tassen / 50g. (ja)

Kochanleitung:
Bohnen mit Gewürzen und Ingwer kochen, Wasser abgießen und pürieren. Mit Gewürzen abschmecken und mit Zuckerrübensirup und Zitronenschale verfeinern.

3.6 Brokkoli-Parmesan-Aufstrich auf Toastbrot

Fördert Blutgerinnung, Schilddrüsenfunktion und Eigenaufbau von Vitamin B12. Immun- und abwehrsteigernd, löst Stagnation. Gut bei Aufstoßen, Diabetes, akuter oder chronischer Verstopfung, Appetitlosigkeit.

Anzahl Portionen: 2
Kalorien p. Portion 148
Gramm p. Portion 170,5
Kochdauer ca. 15 Min.
Allergene: AG
(Kohlehydrat:29% / Eiweiß & Fett:71%)
100g.≈ Eiweiß 12,1g. Fett:11,33g.
µg. - Ph:34,79 Na:27,37 Ka:60,2 Mg:5,76 Ca:40,04 Fe:0,24 Zn:0,19 Col.:1,88 Hsr.:6,09

Zutaten:
Brokkoli 200 g / 200g. (ja)
Topfen (Quark) 20% 80 g. / 80g. (ja)
Joghurt (natur, 1,5 % Fett) 1 EL / 10g. (ja)
Parmesan 2 EL / 15g. (empfehlenswert)
Zitrone Schale 1/2 TL / 1g. (ja)
Basilikum (frisch) 1 EL / 5g. (ja)
Lauchzwiebel Schnittlauch 1 EL / 5g. (ja)
Salz 1 Prise / 1g. (ja)
Pfeffer gemahlen 1 Prise / 0,3g. ()
Toastbrot (Vollkorn) 6 Scheiben / 24g. (ja)

Kochanleitung:
Brokkoli zugedeckt in einem Siebeinsatz über Wasserdampf in 8 Min. bissfest garen und fein hacken. Quark, Joghurt, Parmesan und Zitronenschale gut verrühren und mit dem Brokkoli, Basilikum und Schnittlauch vermischen. Den Aufstrich mit Salz und Pfeffer abschmecken und auf dem knusprig getoasteten Brot servieren.

3.7 Bulgur mit Tomaten und frischen Kräutern

Fördert Verdauung, hilft Fett zu verdauen, harntreibend, senkt Blutdruck, zieht Adern zusammen, vergrößert Herzkranzgefäße.

Anzahl Portionen: 1
Kalorien p. Portion 205
Gramm p. Portion 244
Kochdauer ca. 30 min.
Allergene: A
(Kohlehydrat:71% / Eiweiß & Fett:29%)
100g.≈ Eiweiß 14,92g. Fett:22,17g.
µg. - Ph:136,51 Na:6,27 Ka:256,14 Mg:48,22 Ca:20,11 Fe:1,82 Zn:1,3 Col.:0,08 Hsr.:78,86

Zutaten:
Bulgur (Getreide) 1 Tasse / 120g. (ja)
Tomate 2 Stück / 70g. (ja)
Rucola Rauke 2 EL / 16g. ()
Paprika (Rosenpaprikapulver) 1 Prise / 2g. (ja)
Olivenöl 2 EL / 20g. (empfehlenswert)
Pfeffer gemahlen 1 Prise / 0,5g. ()
Salz 1 Prise / 1g. (ja)
Basilikum 4 Blätter / 2g. (ja)
Thymian 1 Zweig / 3g. (ja)
Zitrone Saft 1/2 Stück / 10g. (ja)

Kochanleitung:
Kaltes Wasser in einem Topf aufsetzen, Bulgur hineinstreuen und gar köcheln. Kleingeschnittene Tomaten, frische Kräuter wie Basilikum und Thymian, Rucola, eine Prise Rosenpaprika, Zitronensaft, einen Schuss Olivenöl, etwas gemahlenen Pfeffer und etwas Salz unterrühren. Empfehlung: Ideale Morgenmahlzeit im Sommer, aber auch gut geeignet als Abendmahlzeit, insbesondere bei Schlafstörungen.

3.8 Ente mit Mungbohnen

Stärkt Blut, Magen, Milz, Leber und Immunsystem, senkt Blutdruck, ist harntreibend und bakterizid, beugt Krebs vor, reduziert Strahlenverletzungen, löst Stagnation.

Anzahl Portionen: 5
Kalorien p. Portion 747
Gramm p. Portion 354,3
Kochdauer ca. 2 Stunden
Allergene: E
(Kohlehydrat:19,51% / Eiweiß & Fett:80,49%)
100g.≈ Eiweiß 56,76g. Fett:46,02g.
µg. - Ph:40,1 Na:8,17 Ka:39,36 Mg:10,47 Ca:7,18 Fe:0,4 Zn:0,05 Col.:2,15 Hsr.:34,55

Zutaten:
Ente (Frühmastente, schlachtfrisch) 1/2 Stück / 1250g.
(empfehlenswert)
Zwiebel weiss 2 Stück / 120g. (ja)
Karotte (Mohrrübe, Möhre) 1 Stück / 120g. (ja)
Knoblauch 1 Zehe / 3g. (ja)
Mungbohne 250 g. / 250g. (ja)
Pfeffer Körner 3 Stück / 2g. (ja)
Honig 1 TL / 3g. (ja)
Sojasauce 1 TL / 3g. (ja)
Zitrone Saft 1 TL / 3g. (ja)
Salz 1 Prise / 1g. (ja)
Pfeffer gemahlen 1 Prise / 0,5g. ()
Olivenöl 1 EL / 10g. (empfehlenswert)
Lorbeerblatt 2 Blätter / 2g. (ja)
Schwarzkümmel 1 Prise / 1g. (ja)
Bohnenkraut 1 TL / 2g. (ja)

Kochanleitung:
Mungbohnen am Vortag einweichen. Die Ente kalt abspülen, das
Gemüse waschen, putzen und in grobe Stücke schneiden. Das Fleisch
und das Gemüse in einen Topf geben und knapp mit Wasser bedecken.
Lorbeerblätter, Bohnenkraut, Beifuß und Pfefferkörner zugeben, bei
mittlerer Hitze aufkochen und weitere 45 Min. kochen lassen. Ab und zu
abschäumen. Die Ente aus dem Fond nehmen, erkalten lassen und
über Nacht kühl aufbewahren. Die gehackten Zwiebel in einem Topf in
Olivenöl anschwitzen und mit 250 ml Fond aufgießen. Das vorgekochte
Gemüse und die Mungbohnen zugeben und mit Honig, Sojasoße,
Zitronensaft, Salz, zerstoßenem Schwarzkümmel und Pfeffer
abschmecken. Mit Reis oder Kartoffeln servieren.

3.9 Entensuppe mit Algen

Stärkt Blut, Magen und Immunsystem, senkt Blutdruck, beugt Krebs
vor, reduziert Strahlenverletzungen, wirkt entgiftend und stimuliert das
Immunsystem, ist bakterizid und harntreibend.
Anzahl Portionen: 4
Kalorien p. Portion 664
Gramm p. Portion 353,5
Kochdauer ca. 3-4 Stunden
Allergene: E
(Kohlehydrat:8% / Eiweiß & Fett:92%)
100g.≈ Eiweiß 49,39g. Fett:44,2g.
µg. - Ph:10,46 Na:8,8 Ka:12,66 Mg:1,6 Ca:1,54 Fe:0,12 Zn:0,09 Col.:3,37 Hsr.:9,28

Zutaten:
Ente (Frühmastente, schlachtfrisch) 1/2 / 1000g. (empfehlenswert)
Knoblauch 2 Zehen / 4g. (ja)
Zwiebel weiss 1 Stück / 50g. (ja)
Ingwer frisch 2 g. / 2g. (ja)
Karotte (Mohrrübe, Möhre) 2 Stück / 120g. (ja)
Zitrone 1/2 / 15g. (ja)
Chili (Schote oder gemahlen) 1 Stück / 5g. (ja)
Zimtpulver 1/4 Stange / 3g. (ja)
Sternanis 2 Stück / 2g. (ja)
Fischsouce 1 TL / 3g. (ja)
Sojasauce 2 TL / 6g. (ja)
Wacholderbeere 4 Stück / 2g. (ja)
Koriandergrün 1/4 Bund / 100g. (ja)
Wakame 10 dag. / 100g. (ja)

Kochanleitung:
Diese Suppe schmeckt aufgewärmt noch besser. 1. Die Ente mit ihren
Innereien (mit Ausnahme der Leber), dem geputzten Gemüse und allen
Gewürzen (ein paar Korianderblätter zurücklegen) in einen großen Topf
geben und mit Wasser bedecken, aufkochen und etwa 2 Std. leise vor
sich hin köcheln lassen .2. Das Fleisch sauber auslösen, auch die
Innereien parieren und in akkurate, mundgerechte Scheiben oder
Würfel schneiden, mit etwas Brühe übergießen und beiseite stellen.
Knochen und Haut wieder in die Suppe geben und 3-4 Std. kochen, bis
sich das Gemüse aufzulösen beginnt. 3. Die Suppe entfetten (das geht
am besten, wenn man sie über Nacht kaltstellt und das Fett an der
Oberfläche erstarren lässt). Die Suppe dann erneut erhitzen und durch
ein Sieb abseihen. 4. Zum Servieren die Algen zerkleinern und 5 Min. in
der Suppe köcheln lassen, das Fleisch hinzufügen und wieder
erwärmen. 5. Die Suppe mit Fischsoße und Zitronensaft abschmecken
und mit dem restlichen Koriander bestreuen.

3.10 Erbsengericht

Beruhigt Nerven und Magen, beruhigt Embryo während der
Schwangerschaft, stärkt Magen-Darm-Funktion, erweitert Blutgefäße,
bakterizid, harntreibend, beugt Krebs vor, beugt Krankheiten vor (bei
älteren Menschen).
Anzahl Portionen: 1
Kalorien p. Portion   406
Gramm p. Portion   315
Kochdauer ca.   1-2 Stunden

Allergene: CE
(Kohlehydrat:54% / Eiweiß & Fett:46%)
100g.≈ Eiweiß 27,59g. Fett:11,75g.
μg. - Ph:146,21 Na:79,98 Ka:276,43 Mg:38,5 Ca:42,5 Fe:1,76 Zn:1,28 Col.:75,44
Hsr.:100,54

Zutaten:
Erbsen 150 g. (getrocknete) / 150g. (ja)
Zitrone 1 Stück / 40g. (ja)
Wacholderbeere 5 Stück / 2g. (ja)
Sonnenblumenöl 1 TL / 3g. (empfehlenswert)
Pfeffer weiss (gemahlen) 1 Prise / 0,3g. (ja)
Lorbeerblatt 3 Blatt / 2g. (ja)
Zwiebel weiss 1 Stück / 50g. (ja)
Thymian 1 TL / 2g. (ja)
Ingwer frisch 1/2 TL / 1g. (ja)
Huhn Ei 1 Stück / 60g. (ja)
Wakame 3 cm. / 2g. (ja)
Salz 1 Prise / 1g. (ja)
Sojasauce nach Geschmack 1 Schuss / 2g. (ja)

Kochanleitung:
Getrocknete Erbsen in reichlich kaltem Wasser mehrere Stunden oder
über Nacht einweichen lassen. Einweichwasser wegschütten und
Erbsen gründlich waschen. Die Erbsen mit etwa 1,5 l kaltem Wasser
aufsetzen und zum Kochen bringen. 5 Min. ohne Deckel kochen lassen
und den Schaum, der sich bildet, abschöpfen. Erst dann folgende
Zutaten zugeben: eine Zitronenscheibe, Wacholderbeeren, Öl,
Pfefferkörner, Lorbeerblätter, kleingeschnittene Zwiebel, getrockneten
Thymian, kleingeschnittenen Ingwer und etwa 2 Streifen Wakame oder
1 EL Hijiki. Nun mit Deckel auf kleinster Stufe 1-2 Std. köcheln lassen.
Nach 1 Std. probieren, ob die Erbsen schon weich sind, denn die
Garzeit verändert sich mit der Einweichzeit und dem Lageralter. Sind
sie gar, Zitronenscheibe, Wacholderbeeren und Pfefferkörner entfernen
und mit Salz, Sojasoße und Zitronensaft abschmecken. Hinweis: Das
Gericht kann 3-4 Tage im Kühlschrank aufbewahrt und portionsweise
erwärmt werden. Dazu passt: in Wasser gedünstetes knackiges
Gemüse, Reis oder Hirse.

3.11 Feigen mit Mozzarella und Honig

Lindert Entzündungen, Blähungen, Schmerzen und Übelkeit, entkrampfend und beruhigend, entgiftend, bakterizid, stillt Blutungen, stärkt Magen und Verdauungssystem.

Anzahl Portionen: 1
Kalorien p. Portion 416
Gramm p. Portion 248,1
Kochdauer ca. 10 Min.
Allergene: GO
(Kohlehydrat:51,96% / Eiweiß & Fett:48,04%)
100g.≈ Eiweiß 13,16g. Fett:22,64g.
µg. - Ph:84,57 Na:105,05 Ka:195,66 Mg:16,03 Ca:153,33 Fe:0,55 Zn:0,52 Col.:9,27
Hsr.:6,05

Zutaten:
Feige 4 Stück / 100g. (ja)
Mozzarella 1 Stück / 50g. (ja)
Basilikum (frisch) 1/2 Bund / 50g. (ja)
Honig 2 EL / 24g. (ja)
Pfeffer gemahlen 1 Prise / 0,1g. ()
Traubenkernöl 1 EL / 12g. (ja)
Essig Aceto Balsamico weiss 1 EL / 12g. (ja)

Kochanleitung:
Frische Feigen vierteln, Büffelmozzarella in Würfel schneiden und Basilikumblätter abzupfen. Aus hellem Balsamico-Essig, Traubenkernöl und Honig ein Dressing anrühren und abschmecken. Am Rand entsprechender Teller die Feigen platzieren. Die Mozzarellawürfel verteilen und mit schwarzem Pfeffer würzen. Reichlich ganze oder grob in Streifen geschnittene Basilikumblätter darüber verteilen und mit der Marinade benetzen. Gewürztes Pizzabrot passt hervorragend dazu.

3.12 Fischsuppe mit Rosmarin

Stärkt Magen, Milz und Leber, senkt Blutdruck, bakterizid, stärkt Immunsystem, beugt Krebs vor, reduziert Strahlenverletzungen, ist cholesterinarm und eiweißreich, fördert Durchblutung, regt Appetit an, antioxidativ, löst Stagnation.

Anzahl Portionen: 4
Kalorien p. Portion 271
Gramm p. Portion 284,25
Kochdauer ca. 30 Min.
Allergene: DLO
(Kohlehydrat:38,39% / Eiweiß & Fett:61,61%)
100g.≈ Eiweiß 15,39g. Fett:14,78g.
µg. - Ph:19,71 Na:7,22 Ka:47,56 Mg:3,06 Ca:5,32 Fe:0,13 Zn:0,03 Col.:0,01 Hsr.:14,36

Zutaten:
Grundrezept für eine Fischbrühe 1/2 Liter / 500g. (ja)
Rosmarin 1/2 Bund / 7g. (ja)
Zwiebel Frühlingszwiebel 1 Stück / 20g. (ja)
Olivenöl 2 EL / 35g. (empfehlenswert)
Fischstücke gemischt (Süßwasser) 250 g. / 250g. (ja)
Karotte (Mohrrübe, Möhre) 1 Stück / 120g. (ja)
Pastinake 1 Stück / 180g. (ja)
Sellerie Knolle 1 Scheibe / 20g. (ja)
Salz 1 Prise / 1g. (ja)
Pfeffer Körner 2 Stück / 1g. (ja)
Knoblauch 1 Zehe / 3g. (ja)

Kochanleitung:
Zwiebel und Knoblauch in Öl glasig braten und mit Fischbrühe
aufgießen. Gewürfelte Karotte, Pastinake und Sellerie hinzugeben. Mit
Salz und Pfefferkörnern würzen. Die Suppe 25 Min. bei schwacher
Hitze köcheln lassen. Den Fisch waschen, mit Zitronensaft beträufeln,
in Stücke teilen und mit dem abgezupften Rosmarin in die Suppe
geben. Alles 5 Min. bei schwacher Hitze garen. Schnittlauch und
Petersilie dazugeben und die Suppe mit dem Salz abschmecken.

3.13 Frischkäseersatz

Gut bei Laktoseintoleranz. Gut bei Abwehrschwäche, Appetitlosigkeit,
Arteriosklerose, Blähungen, Blasenschwäche, Blutarmut,
Bluthochdruck, Depressionen, Diabetes, Durchfall. Stärkt
Körperenergie, fördert Verdauung und Gewichtsabnahme.
Anzahl Portionen: 2
Kalorien p. Portion 526
Gramm p. Portion 328
Kochdauer ca. 20 Min.
Allergene: AE
(Kohlehydrat:63,78% / Eiweiß & Fett:36,22%)
100g.≈ Eiweiß 19,62g. Fett:12,76g.
µg. - Ph:65,08 Na:279,59 Ka:111,24 Mg:19,56 Ca:10,63 Fe:0,82 Zn:0,33 Col.:0
Hsr.:32,32

Zutaten:
Sojabohnenmilch 1 Liter / 300g. (ja)
Zitrone 1 Stück / 50g. (ja)
Kräuter verschiedene 2 EL / 6g. (ja)
Vollkornbrot 6 Scheiben / 300g. (ja)

Kochanleitung:
Sojamilch in einen Topf geben, unter gelegentlichem Rühren (brennt leicht an!) zum Kochen bringen und abkühlen lassen. Zitrone auspressen, leicht unter die abgekühlte Sojamilch (ca. 80 Grad) rühren und ca. 20 Min. ruhen bzw. gerinnen lassen. Geronnene Sojamilch durch ein mit dem Geschirrtuch ausgelegtes Sieb gießen, Flüssigkeit ablaufen lassen und danach Restflüssigkeit mit dem Geschirrtuch auspressen .Nach Geschmack mit frischen Kräutern verfeinern. Dazu Vollkornbrot servieren.

3.14 Frühstück mit Käse

Körperschwäche, Magendruck, Aufstoßen, Diabetes, akute oder chronische Verstopfung des Darmes, Hautprobleme. Kaffee wirkt harntreibend, regt Appetit an, entgiftet, erhöht Blutzucker, harmonisiert Herz-Rhythmus.

Anzahl Portionen: 1
Kalorien p. Portion 512
Gramm p. Portion   324
Kochdauer ca.   10 Min.
Allergene: AGO
(Kohlehydrat:47,95% / Eiweiß & Fett:52,05%)
100g.≈ Eiweiß 21,38g. Fett:30,96g.
µg. - Ph:145,95 Na:235,6 Ka:118,65 Mg:23,16 Ca:98,48 Fe:0,91 Zn:1,2 Col.:7,47
Hsr.:21,31

Zutaten:
Wasser 1 Tasse / 120g. (ja)
Kaffee 2 TL / 4g. (ja)
Vollkornbrot 2 Scheiben / 100g. (ja)
Margarine 10 g. / 10g. (empfehlenswert)
Edamer 30 g. / 30g. (ja)
Erdbeermarmelade 20 g. / 20g. (ja)
Topfen (Quark) 20% 40 g. / 40g. (ja)

Kochanleitung:
Kaffee wie gewohnt zubereiten. Zucker vermeiden oder Süßstoff verwenden. Bestreichen Sie die Brote mit Margarine und geben Sie den Käse und die Marmelade zur Auswahl auf den Frühstückstisch. Dekorativ anrichten erhöht den Appetit.

3.15 Gegrillte Lachssteaks mit Blumenkohl und Kartoffeln

Verbessert Verdauung, regeneriert Haut, harntreibend, senkt Cholesterinspiegel.

Anzahl Portionen: 4
Kalorien p. Portion   329
Gramm p. Portion   386,75
Kochdauer ca.   30 Min.
Allergene: D
(Kohlehydrat:33% / Eiweiß & Fett:67%)
100g.≈ Eiweiß 33,21g. Fett:24,12g.
µg. - Ph:7,53 Na:1,45 Ka:21,74 Mg:1,35 Ca:0,97 Fe:0,04 Zn:0,03 Col.:0,71 Hsr.:4,74

Zutaten:
Knoblauch 1 Zehe / 1g. (ja)
Zwiebel Schalotte 1/2 Stück / 5g. (ja)
Zitrone Saft 1 Spritzer / 1g. (ja)
Salz 1 Prise / 1g. (ja)
Blumenkohl (Karfiol) 1 Stück / 500g. (ja)
Olivenöl 2 EL / 20g. (empfehlenswert)
Knoblauch 1 Zehe / 1g. (ja)
Wasser 1/4 Tasse / g. (ja)
Petersilie 3 EL / 15g. (ja)
Kartoffel 500 g. / 500g. (ja)
Salz 1 Prise / 1g. (ja)
Lachs 4 Stück (Steaks) / 500g. (empfehlenswert)
Zitrone 1/2 Stück / 2g. (ja)

Kochanleitung:
Knoblauch-Schalotten-Mischung: Knoblauch fein zerdrücken, Schalotten fein hacken, einen Spritzer Zitronensaft und Salz dazugeben und verrühren. Mit wenig Öl zu einer Paste verrühren. Blumenkohl: Den Blumenkohl in halbwegs gleichmäßige Stücke zerteilen. In einem schweren Topf das Öl erhitzen und den zerdrückten Knoblauch kurz anbraten. Die Blumenkohlstücke hineingeben und im Öl wenden. Etwas Wasser zugießen und so lange kochen, bis der Blumenkohl bissfest ist. Den Blumenkohl abseihen und das restliche Wasser einkochen lassen, bis eine dicke Soße übrigbleibt. Blumenkohl wieder dazugeben und mit einem Holzlöffel grob zerdrücken. Die gehackte Petersilie und Salz hinzugeben. Kartoffeln: In einem Topf mit viel Wasser die Kartoffeln weich kochen, abseihen und schälen .Lachssteak: Den Backofen bei ca. 180 Grad vorheizen. Die Lachsscheiben mit der Knoblauch-Schalotten-Mischung einreiben und so dicht wie möglich an der Wärmequelle jeweils 4 bis 8 Min. von beiden Seiten grillen. Sie sind

fertig, wenn sich beim Einstechen mit einer Gabel das Fleisch leicht teilen lässt. Alles anrichten und mit Zitronenscheiben und der gehackten Petersilie bestreuen.

3.16 Gegrillte Tomaten mit Käsefüllung

Fördert Verdauung, hilft Fett zu verdauen, harntreibend, senkt Blutdruck, regt Verdauung an.

Anzahl Portionen: 2
Kalorien p. Portion 469
Gramm p. Portion 319,5
Kochdauer ca. 30 Min.
Allergene: ACG
(Kohlehydrat:38% / Eiweiß & Fett:62%)
100g.≈ Eiweiß 18,89g. Fett:30,98g.
µg. - Ph:25,05 Na:101,57 Ka:41,33 Mg:3,14 Ca:21,11 Fe:0,17 Zn:0,12 Col.:13,64 Hsr.:4,36

Zutaten:
Tomate 8 Stück / 200g. (ja)
Schafskäse 75 g. / 75g. (ja)
Frischkäse 75 g. / 75g. (ja)
Huhn Ei 1 Stück / 60g. (ja)
Olivenöl 1 EL / 12g. (empfehlenswert)
Basilikum (frisch) 1 EL / 6g. (ja)
Salz 1 Prise / 1g. (ja)
Pfeffer gemahlen 1 Prise / 0,5g. ()
Oliven 30 g. / 30g. (empfehlenswert)
Rucola Rauke 10 dag. / 100g. ()
Weißbrot (Weizenbrot) 4 Scheiben / 80g. (ja)

Kochanleitung:
Tomaten großzügig aushöhlen und in eine Auflaufform setzen. Käse, Olivenöl, Ei, gehackten Basilikum und Mehl verrühren, mit Salz und Pfeffer würzen und in die Tomaten füllen .Im vorgeheizten Ofen bei 210 Grad auf der mittleren Schiene 15 Min. backen, dann den Backofengrill zuschalten und weitere 3 Min. übergrillen (ohne Umluft). Die Oliven entsteinen, hacken und auf die Tomaten streuen. Tomaten mit Rucola garnieren und mit Weißbrot servieren.

3.17 Gegrillter Tofu mit Reisnudeln, Spinat und Zuckerschoten

Lindert Blähungen, harntreibend, entgiftend, stärkt Magen-Darm-Funktion, erweitert Blutgefäße, regt Appetit an, fördert Ausscheidung und Durchblutung.

Anzahl Portionen: 4
Kalorien p. Portion 327
Gramm p. Portion 373
Kochdauer ca. 30 Min.
Allergene: E
(Kohlehydrat:49,87% / Eiweiß & Fett:50,13%)
100g.≈ Eiweiß 24,38g. Fett:10,73g.
µg. - Ph:31,18 Na:1,57 Ka:31,66 Mg:18,57 Ca:14,87 Fe:0,41 Zn:0,04 Col.:0 Hsr.:26,16

Zutaten:

Sake 85 ml / 85g. (ja)
Zucker Ursüße (Zuckerrohr) süß 1 EL / 7g. (empfehlenswert)
Knoblauch 5 Zehen / 7g. (ja)
Zwiebel Frühlingszwiebel 3 Stück / 60g. (ja)
Ingwer frisch 3 cm. / 5g. (ja)
Rapsöl 2 EL / 20g. (empfehlenswert)
Spinat 2 Handvoll / 30g. (ja)
Erbse, grün 450 g. / 400g. (ja)
Wasser 1 EL / g. (ja)
Reisnudeln 1 Paket / 250g. (ja)
Wasser 1 Liter / g. (ja)
Basilikum 1 EL / 3g. (ja)
Soja Tofu 500 g. / 500g. (ja)

Kochanleitung:

Für die Marinade: Tamari-Soße, Reiswein, Zucker, zerdrückten Knoblauch, Frühlingszwiebel, geriebenen Ingwer, gehackten Basilikum und das Rapsöl in einer mittelgroßen Schüssel miteinander vermengen. Den Tofu hineingeben und mindestens 1 Std. in der Marinade ziehen lassen. Die Zuckerschoten in einer Pfanne zugedeckt mit wenig Wasser 5 Min. leicht andünsten, den Spinat zufügen und nochmals 3 Min. weiterdünsten. Die Reisnudeln nach Herstellerangaben kochen, abtropfen lassen, mit warmem Wasser nochmals abspülen und abtropfen lassen. Den Grill oder Backofengrill vorheizen, den Tofu von beiden Seiten jeweils 5 Min. grillen und beiseite stellen. Die Nudeln auf den Tellern anrichten, das Gemüse rundherum aufteilen und den Tofu über die Nudeln geben. Mit der Marinade übergießen.

3.18 Geschmortes Kaninchen mit Reis und Salat

Stärkt, fördert Durchblutung, regt Appetit an.

Anzahl Portionen: 6
Kalorien p. Portion 522
Gramm p. Portion   432,5
Kochdauer ca.   1 Stunde
Allergene: LMO
(Kohlehydrat:23% / Eiweiß & Fett:77%)
100g.≈ Eiweiß 44,27g. Fett:25,41g.
µg. - Ph:3,11 Na:0,7 Ka:5,93 Mg:0,59 Ca:0,47 Fe:0,03 Zn:0,02 Col.:1,25 Hsr.:3,37

Zutaten:
Olivenöl 2 EL / 20g. (empfehlenswert)
Kaninchen Fleisch 1 Stück (in 10-12 Stücke zerlegt) / 1200g. (ja)
Olivenöl 2 EL / 20g. (empfehlenswert)
Karotte (Mohrrübe, Möhre) 2 Stück / 180g. (ja)
Knoblauch 2 Zehen / 3g. (ja)
Sellerie Stangensellerie 1 Stange / 10g. (ja)
Zwiebel weiss 1 Stück / 60g. (ja)
Weißwein 350 ml. / 250g. (ja)
Wasser 1/2 Tasse / 0g. (ja)
Wasser 6 Tassen / 400g. (ja)
Reis Basmatireis 1 Tasse / 120g. (ja)
Salz 1 Prise / 1g. (ja)
Feldsalat 300 g. / 300g. (ja)
Olivenöl 2 EL / 20g. (empfehlenswert)
Zitrone Saft 1/4 Stück / 8g. (ja)
Senf 1 Prise / 1g. (ja)
Salz 1 Prise / 1g. (ja)
Honig 1 Prise / 1g. (ja)

Kochanleitung:
In einer schweren Schmorpfanne das Öl bei niedriger Temperatur erhitzen. Die Kaninchenteile hineingeben, rundum kräftig anbraten und danach auf eine Platte legen. Öl in der Pfanne erhitzen, Möhre, Knoblauch, Stangensellerie und Zwiebel hineingeben, unter mehrmaligem Rühren goldbraun braten und beiseite stellen. Die Kaninchenteile wieder in die Pfanne legen, das Gemüse darüber verteilen, den Wein aufgießen und einige Augenblicke brodeln lassen. Das Wasser aufgießen und zum Kochen bringen. Den Deckel auflegen, die Wärmezufuhr drosseln und zwischendurch immer wieder nachsehen, ob noch genügend Garflüssigkeit vorhanden ist. Nach Geschmack salzen und das Kaninchen mindestens 90 Min. oder so lange schmoren, bis das Fleisch weich ist. In der Zwischenzeit den Reis

in einem Topf mit der sechsfachen Menge gesalzenem Wasser auf kleiner Stufe kochen. Den Salat waschen, trocken schleudern, kleinzupfen und in einer Schüssel anrichten. In einer kleinen Schüssel Olivenöl, Zitronensaft, etwas Senf, Salz und Honig gut verrühren und mit dem Salat vermischen.

3.19 Geschnetzeltes Huhn mit Walnüssen und Sherry

Stärkt Blut, baut Milz und Magen auf, stärkt Knochenmark und Magen-Darm-Funktion, erweitert Blutgefäße, bakterizid, beugt Krebs vor, befeuchtet den Darm, treibt Schweiß, reduziert Blutfett, regt an.

Anzahl Portionen: 4
Kalorien p. Portion 304
Gramm p. Portion 272
Kochdauer ca. 25 Min.
Allergene: EGHN
(Kohlehydrat:36,28% / Eiweiß & Fett:63,72%)
100g.≈ Eiweiß 20,57g. Fett:25,01g.
µg. - Ph:27,57 Na:7,42 Ka:29,72 Mg:7,25 Ca:3,77 Fe:0,28 Zn:0,02 Col.:1,78 Hsr.:19,84

Zutaten:
Butter Bio 2 EL / 35g. (empfehlenswert)
Walnüsse 2 EL / 25g. (empfehlenswert)
Ingwer frisch 1/2 TL / 2g. (ja)
Zwiebel Schalotte 2 Stück / 40g. (ja)
Salz 1 Prise / 1g. (ja)
Huhn Fleisch 300 g. / 300g. (ja)
Paprika (Rosenpaprikapulver) 1 Prise / 1g. (ja)
Sesam, Weißer 1 TL / 2g. (empfehlenswert)
Schwarzer Fungu Pilz 4 Stück / 3g. (ja)
Shiitake, getrocknet 4 Stück / 5g. (ja)
Sojasauce 1 Schuss / 3g. (ja)
Reis Vollkorn 1 Tasse / 120g. (ja)
Wasser 6 Tassen / 550g. (ja)
Salz 1 Prise / 1g. (ja)

Kochanleitung:
In einer Pfanne Butter oder Sesamöl erhitzen. Darin Walnüsse, reichlich geriebenen Ingwer, kleingeschnittene Schalotten oder Zwiebeln leicht anbraten. Salz und das geschnetzelte Huhn zufügen und rundherum anbraten. Rosenpaprika, gerösteten Sesam, eingeweichten schwarzen Fungu, Shiitakepilze oder Champignons dazugeben und mit einem Schuss Sherry ablöschen. 5-10 Min. köcheln lassen, bis das Fleisch gar ist und mit Sojasoße abschmecken. Reis in gesalzenem Wasser aufkochen lassen und bei kleiner Hitze ca. 15 Min. quellen lassen. Dazu

passt: Feldsalat, Radicchio

3.20 Gewürzkuchen mit Datteln

Beruhigt Nerven und Magen, fördert Durchblutung. Gut bei Appetitlosigkeit, Blähungen, Darmentzündung, Fettsucht, Gicht, Magengeschwür, Magenkrampf, Rheuma, Sodbrennen.

Anzahl Portionen: 4
Kalorien p. Portion 808
Gramm p. Portion 232,5
Kochdauer ca. 1 1/2 Stunden
Allergene: ACGO
(Kohlehydrat:71% / Eiweiß & Fett:29%)
100g.≈ Eiweiß 14,11g. Fett:32,91g.
µg. - Ph:38,49 Na:13,51 Ka:54,99 Mg:9,73 Ca:10,38 Fe:0,48 Zn:0,07 Col.:4,87 Hsr.:12,86

Zutaten:
Sonnenblumenöl 100 ml. / 100g. (empfehlenswert)
Zucker (weiß, aus Rüben) 200 g / 200g. (empfehlenswert)
Kuhmilch (Vollmilch 3,5 % Fett) 100 ml. / 100g. (empfehlenswert)
Weizen Mehl 250 g. / 250g. (ja)
Kakao 40 g. / 40g. (ja)
Datteln getrocknet 50 g. / 50g. (ja)
Huhn Ei 3 Stück / 180g. (ja)
Nelke 1/2 TL / 1g. (ja)
Zimtpulver 1 1/2 tl / 3g. (ja)
Muskatnuss 1 Prise / 0,5g. (ja)
Backpulver 1/2 Packung / 1,5g. (ja)
Butter Bio 1 TL / 2g. (empfehlenswert)
Weizen Mehl 1 TL / 2g. (ja)

Kochanleitung:
Die Eier trennen, Eiweiß steif schlagen und beiseite stellen. Öl, Zucker und Eigelb in eine Schüssel geben und schaumig rühren. Mehl, Kakao und Backpulver zufügen, durchrühren und die Milch nach und nach unterrühren. Nun die kleingehackten Datteln und die Gewürze (die Nelken gemahlen) zur Masse geben und auf kleinster Stufe mit dem Handrührgerät einrühren. Jetzt das steif geschlagene Eiweiß löffelweise vorsichtig mit einem Löffel unterheben und den Teig in eine gefettete, bemehlte Form füllen und 70 Min. bei 200 Grad backen.

3.21 Grießklößchensuppe

Senkt Blutdruck, bakterizid, stärkt Immunsystem, beugt Krebs vor, reduziert Strahlenverletzungen, löst Stagnation, fördert Gewichtsabnahme. Gut bei Abwehrschwäche, Appetitlosigkeit, Blähungen, Bluthochdruck, Depressionen, Diabetes, Durchfall.

Anzahl Portionen: 3
Kalorien p. Portion 287
Gramm p. Portion 235,67
Kochdauer ca. 60 Min.
Allergene: ACGLO
(Kohlehydrat:74% / Eiweiß & Fett:26%)
100g.≈ Eiweiß 12,68g. Fett:16,24g.
µg. - Ph:7,29 Na:3,79 Ka:6,29 Mg:7,72 Ca:17,64 Fe:0,11 Zn:0,11 Col.:5,65 Hsr.:2,66

Zutaten:
Butter Bio 40 g. / 40g. (empfehlenswert)
Huhn Ei 1 Stück / 65g. (ja)
Salz 1 Prise / 1g. (ja)
Pfeffer gemahlen 1 Prise / 0,5g. ()
Muskatnuss 1 Prise / 1g. (ja)
Weizen Gries 80 g. / 80g. (ja)
Grundrezept für eine Rinderbrühe wärmend 1/2 Liter / 500g. (ja)
Petersilie 1 EL / 10g. (ja)
Lauchzwiebel Schnittlauch 1 EL / 10g. (ja)

Kochanleitung:
Die Zutaten für die Grießklößchen zu einem festen Teig kneten und 30 Min. quellen lassen. Die Brühe erhitzen. Dann mit einem Löffel Klößchen ausstechen, in die Brühe geben und ca. 20 Min. ziehen lassen. Vor dem Servieren gehackte Petersilie und in feine Röllchen geschnittenen Schnittlauch einstreuen.

3.22 Grundrezept für eine Fischbrühe

Kräftigt Nieren, harntreibend, senkt Blutdruck, bakterizid, stärkt Immunsystem, beugt Krebs vor, reduziert Strahlenverletzungen, fördert Durchblutung, ist cholesterinarm, eiweißreich und regt Appetit an.

Anzahl Portionen: 5
Kalorien p. Portion 128
Gramm p. Portion 243,8
Kochdauer ca. 40 min.
Allergene: DLO
(Kohlehydrat:33,81% / Eiweiß & Fett:66,19%)
100g.≈ Eiweiß 9,81g. Fett:5,2g.
µg. - Ph:14,91 Na:7,09 Ka:31,5 Mg:2,39 Ca:4,63 Fe:0,11 Zn:0,02 Col.:0,01 Hsr.:11,94

Zutaten:
Fischstücke gemischt (Süßwasser) 300 g. / 300g. (ja)
Sellerie Knolle 120 g. / 120g. (ja)
Lauch (Porree) 5 cm / 10g. (ja)
Karotte (Mohrrübe, Möhre) 2 Stück / 150g. (ja)
Weißwein 1/8 Liter / 125g. (ja)
Zitrone 1/2 Stück / 50g. (ja)
Lorbeerblatt 2 Blätter / 2g. (ja)
Pfeffer Körner 3 Stück / 2g. (ja)
Olivenöl 1 EL / 10g. (empfehlenswert)
Wasser 1/2 Liter / 450g. (ja)

Kochanleitung:
Kleingeschnittenen Sellerie, Karotten und Lauch in Olivenöl andünsten, Lorbeerblatt und Pfefferkörner zugeben, Fischstücke zufügen und kurz mitdünsten. Mit Wasser ablöschen, wenig Weißwein oder Zitrone zugeben und 30 Min. leise köcheln lassen. Mehrmals den entstehenden Schaum abschöpfen. Am Ende die Zutaten durch ein Sieb abseihen.

3.23 Grundrezept für eine Hühnerbrühe (wärmend)

Stärkt Blut, baut Milz und Magen auf, stärkt Knochenmark, senkt Blutdruck, bakterizid, stärkt Immunsystem, beugt Krebs vor, reduziert Strahlenverletzungen, fördert Schwitzen, löst Stagnation. Gut bei Appetitlosigkeit und Blähungen.

Anzahl Portionen: 9
Kalorien p. Portion 90
Gramm p. Portion 244,89
Kochdauer ca. 2-3 Stunden
Allergene: L
(Kohlehydrat:10,44% / Eiweiß & Fett:89,56%)
100g.≈ Eiweiß 15,69g. Fett:11,57g.
µg. - Ph:7,72 Na:5,27 Ka:16,86 Mg:1,2 Ca:3,41 Fe:0,1 Zn:0 Col.:0,25 Hsr.:8,27

Zutaten:
Huhn Fleisch 1/2 Stück / 600g. (ja)
Karotte (Mohrrübe, Möhre) 2 Stück / 150g. (ja)
Lauch (Porree) 1 Stange / 45g. (ja)
Sellerie Knolle 1 Stück / 500g. (ja)
Ingwer frisch 2 Scheiben / 2g. (ja)
Bockshornklee 1 TL / 2g. (ja)
Wacholderbeere 1 TL / 3g. (ja)
Lorbeerblatt 3 Stück / 2g. (ja)
Wasser 1 Liter / 900g. (ja)

Kochanleitung:
Hühnerteile von Fett befreien, in einen Topf mit heißem Wasser geben, kurz aufkochen lassen und entstehenden Schaum abschöpfen. Grob geschnittenes Gemüse und alle Gewürze zugeben und 2-3 Std. bei mittlerer Hitze kochen, dann alles abseihen. Tipp: Wenn Sie das Fleisch als Suppeneinlage verwenden möchten, bereits nach 45 Min. herausnehmen und nur die Knochen in der Suppe lassen.

3.24 Grundrezept für eine nahrhafte Gemüsebrühe

Senkt Blutdruck und Blutfett, bakterizid, stärkt Immunsystem, beugt Krebs vor, stärkt Magen, löst Stagnation, fördert Gewichtsabnahme, hilft bei Appetitlosigkeit, Blähungen, Bluthochdruck, Diabetes, Durchfall.
Anzahl Portionen: 5
Kalorien p. Portion 48
Gramm p. Portion 240,6
Kochdauer ca. 2-3 Stunden
Allergene: L
(Kohlehydrat:71,3% / Eiweiß & Fett:28,7%)
100g.≈ Eiweiß 1,57g. Fett:1,31g.
µg. - Ph:4,86 Na:3,67 Ka:25,68 Mg:1,8 Ca:6,32 Fe:0,1 Zn:0,01 Col.:0 Hsr.:2,78

Zutaten:
Olivenöl 1 EL / 4g. (empfehlenswert)
Zwiebel weiss 1 Stück / 60g. (ja)
Karotte (Mohrrübe, Möhre) 3 Stück / 200g. (ja)
Pastinake 150 g. / 150g. (ja)
Sellerie Knolle 1 Tasse / 100g. (ja)
Ingwer frisch 1/2 TL / 2g. (ja)
Zitrone 1/2 Stück / 25g. (ja)
Wacholderbeere 6 Stück / 6g. (ja)
Thymian getrocknet 1 Prise / 1g. (ja)
Liebstöckel 1 EL / 3g. (ja)
Lorbeerblatt 2 Blätter / 1g. (ja)
Salz 1 Prise / 1g. (ja)
Wasser 3/4 Liter / 650g. (ja)

Kochanleitung:
Gemüse würfelig schneiden. Öl in einem Topf erhitzen, die Zwiebel und das Gemüse darin anbraten, Ingwer und Lorbeer zugeben. Mit kaltem Wasser aufgießen, Zitronensaft zufügen und mit Wacholder, Thymian und Liebstöckel würzen. 2-3 Std. auf kleiner Stufe zugedeckt köcheln lassen. Brühe durch ein Sieb streichen und im Kühlschrank aufbewahren. Sie dient als Suppengrundlage und verfeinert Gemüse, Hülsenfrüchte oder Getreide.

3.25 Grundrezept für eine Rinderbrühe (klar)

Stärkt Muskeln, Sehnen und Knochen, senkt Blutdruck, bakterizid, stärkt Immunsystem, beugt Krebs vor, reduziert Strahlenverletzungen, regt Verdauung an, reduziert Schmerzen, fördert Verdauung. Harntreibend, stillt Blutung. Rosmarin fördert Verdauung.

Anzahl Portionen: 10
Kalorien p. Portion 114
Gramm p. Portion   276
Kochdauer ca.   4-8 Stunden
Allergene: O
(Kohlehydrat:22,24% / Eiweiß & Fett:77,76%)
100g.≈ Eiweiß 12,22g. Fett:4,1g.
µg. - Ph:5,14 Na:3,08 Ka:13,39 Mg:1,06 Ca:2,52 Fe:0,09 Zn:0,01 Col.:0,14 Hsr.:3,57

Zutaten:
Rind Suppenfleisch 500 g. / 500g. (ja)
Rind Fleischknochen 200 g. / 200g. (ja)
Essig (Rotweinessig) 1 Schuss / 3g. (ja)
Wacholderbeere 8 Stück / 6g. (ja)
Rosmarin 1 Prise / 1g. (ja)
Karotte (Mohrrübe, Möhre) 3 Stück / 210g. (ja)
Pastinake 2 Stück / 300g. (ja)
Lauch (Porree) 1 Stück / 200g. (ja)
Ingwer frisch 1/2 TL / 5g. (ja)
Liebstöckel 1 Stiel / 15g. (ja)
Nelke 2 Stück / 2g. (ja)
Piment 6 Stück / 12g. (ja)
Anis (gemeiner Fenchel) 2 Stück / 1g. (ja)
Salz 1 TL / 5g. (ja)
Wasser 1 1/2 Liter / 1300g. (ja)

Kochanleitung:
Rotweinessig, Wacholderbeeren, Rosmarin, Knochen und Fleisch in Wasser zum Kochen bringen. Karotten, Pastinaken, Lauch, Ingwer, Liebstöckelgrün, Nelken, Piment, Sternanis und etwas Salz zufügen und alles 4-8 Std. köcheln und dann abseihen. Brühe im Kühlschrank aufbewahren.

3.26 Heilbutt mit Tomaten-Knoblauch-Soße

Fördert Verdauung, hilft Fett zu verdauen, harntreibend, senkt Blutdruck, liefert wertvolle Omega-3 Fettsäuren. Gut bei Rheuma, Blähungen, Blasenschwäche, Blutarmut, Bluthochdruck, Depressionen, Diabetes, Durchfall.

Anzahl Portionen: 5
Kalorien p. Portion 319
Gramm p. Portion 297,6
Kochdauer ca. 45 Min.
Allergene: D
(Kohlehydrat:35,73% / Eiweiß & Fett:64,27%)
100g.≈ Eiweiß 34,97g. Fett:9,44g.
µg. - Ph:24,12 Na:43,88 Ka:35,39 Mg:5,15 Ca:4,4 Fe:0,11 Zn:0,01 Col.:0,82 Hsr.:23,91

Zutaten:
Reis Sorte beliebig 1 Tasse / 120g. (ja)
Wasser 6 Tassen / 240g. (ja)
Salz 1 Prise / 1g. (ja)
Heilbutt 1 Kg / 800g. (ja)
Salz 1 Prise / 1g. (ja)
Pfeffer gemahlen 1 Prise / 0,5g. ()
Zitrone Saft 1 Spritzer / 2g. (ja)
Lorbeerblatt 2 Stück / 2g. (ja)
Zitrone 1 Stück / 30g. (ja)
Knoblauch 8 Stück / 10g. (ja)
Thymian getrocknet 1 EL / 5g. (ja)
Oliven 75 g. / 75g. (empfehlenswert)
Tomate 4 Stück / 200g. (ja)
Salz 1 Prise / 1g. (ja)
Pfeffer gemahlen 1 Prise / 0,5g. ()

Kochanleitung:
Reis im Salzwasser gar kochen. Den Fisch unter fließend kaltem Wasser abspülen, mit Küchenkrepp abtupfen und mit Salz, Pfeffer und Zitronensaft einreiben. Die Fischfilets in eine Auflaufform legen und mit Stücken der Lorbeerblätter belegen Die Zitrone heiß abwaschen und in Spalten schneiden, den Knoblauch schälen und halbieren. Die Oliven darauf verteilen und mit Thymian bestreuen. Die Tomaten mit heißem Wasser überbrühen, häuten und grob würfeln. Alle Zutaten mischen, mit Salz und Pfeffer würzen und um den Fisch herum verteilen. Alles bei 200 Grad (Umluft 180, Gas Stufe 3) ca. 20 Min. garen. Mit dem Reis anrichten. Zu diesem wohlschmeckenden Fischgericht passt ein gemischter Salat.

3.27 Herzhaftes Winterfrühstück

Stärkt die Abwehrkräfte und erwärmt, beruhigt Nerven und Magen, fördert Verdauung, entgiftet, stärkt Säfteproduktion, treibt Schweiß, reduziert Blutfett, regt an, löst Stagnation.

Anzahl Portionen: 1
Kalorien p. Portion 678
Gramm p. Portion 235
Kochdauer ca. 20 min.
Allergene: ACEG
(Kohlehydrat:60% / Eiweiß & Fett:40%)
100g.≈ Eiweiß 28,35g. Fett:27,05g.
µg. - Ph:238,14 Na:114,37 Ka:245,93 Mg:71,98 Ca:61,45 Fe:3,58 Zn:2,63 Col.:108 Hsr.:79,81

Zutaten:
Hafer Schrot 1 Tasse / 120g. (ja)
Ingwer frisch 1/2 TL / 1g. (ja)
Salz 1 Prise / 1g. (ja)
Zwiebel Frühlingszwiebel 2 Stück / 40g. (ja)
Huhn Ei 1 Stück / 55g. (ja)
Butter Bio 1 EL / 15g. (empfehlenswert)
Sojasauce 1 Schuss / 3g. (ja)

Kochanleitung:
Haferschrot über Nacht einweichen. Am Morgen mit etwas Ingwer, Salz und einer Frühlingszwiebel oder Lauch aufkochen und dann quellen lassen, bis der Brei weich ist. Vor dem Servieren ein ganzes Ei untermengen, Butter zugeben und nach Geschmack mit etwas Sojasoße würzen. Empfehlung: besonders geeignet für die kalte Jahreszeit.

3.28 Hirse mit Ei und Butter

Beruhigt Nerven und Magen, beruhigt Embryo während der Schwangerschaft. Harntreibend, aufbauend, augenstärkend, entgiftend, gewebe- und nervenstärkend, regt Leberfunktion an.

Anzahl Portionen: 2
Kalorien p. Portion 338
Gramm p. Portion 219
Kochdauer ca. 25 Min.
Allergene: CG
(Kohlehydrat:57% / Eiweiß & Fett:43%)
100g.≈ Eiweiß 12,19g. Fett:15,94g.
µg. - Ph:31,53 Na:8,98 Ka:20,51 Mg:11 Ca:7,4 Fe:0,68 Zn:0,29 Col.:25,34 Hsr.:4,42

Zutaten:
Hirse 1 Tasse / 100g. (ja)
Ingwer frisch 1/2 TL / 1g. (ja)
Salz 1 Prise / 0,5g. (ja)
Petersilie 2 EL / 16g. (ja)
Paprika (Rosenpaprikapulver) 1 Prise / 1g. (ja)
Huhn Ei 2 Stück / 100g. (ja)
Butter Bio 2 EL / 20g. (empfehlenswert)
Muskatnuss 1 Prise / 0,2g. (ja)
Wasser 2 Tassen / 200g. (ja)

Kochanleitung:
Hirse mit Ingwer und Muskatnuss im Wasser kochen. Pro Person ein Ei
weichkochen und schälen. Hirse auf Tellern anrichten und je ein Ei in
eine Mulde in die Hirse legen. Butterflöckchen darauf verteilen und mit
gehackter Petersilie und Rosenpaprika bestreuen.

3.29 Huhn nach italienischer Art

Fördert Durchblutung, antioxidativ. Huhn: stärkt Blut, Muskeln und
Knochenmark. Basmatireis: zur Entwässerung des Körpers bei
Übergewicht und Bluthochdruck.
Anzahl Portionen: 4
Kalorien p. Portion 410
Gramm p. Portion 403,12
Kochdauer ca. 1 Stunde
Allergene: M
(Kohlehydrat:24,29% / Eiweiß & Fett:75,71%)
100g.≈ Eiweiß 41,52g. Fett:42,42g.
µg. - Ph:29,59 Na:5,63 Ka:36,76 Mg:6,07 Ca:4,32 Fe:0,36 Zn:0,02 Col.:2,04 Hsr.:26,05

Zutaten:
Olivenöl 3 EL / 30g. (empfehlenswert)
Huhn Fleisch 1 Stück (in 8 Stücke geteilt) / 700g. (ja)
Knoblauch 3 Zehen / 5g. (ja)
Rosmarin 1/2 TL / 2g. (ja)
Salz 1 Prise / 1g. (ja)
Pfeffer gemahlen 1 Prise / 0,5g. ()
Wasser 1/4 Liter / 20g. (ja)
Reis Basmatireis 1 Tasse / 120g. (ja)
Wasser 6 Tassen / 400g. (ja)
Salz 1 Prise / 1g. (ja)
Kopfsalat 1 Stück / 300g. (ja)
Olivenöl 2 EL / 20g. (empfehlenswert)
Zitrone Saft 1/4 Stück / 7g. (ja)

Senf 1 Prise / 3g. (ja)
Salz 1 Prise / 1g. (ja)
Honig 1 Prise / 2g. (ja)

Kochanleitung:
In einer schweren Pfanne (mit Deckel) 1 EL Olivenöl bei niedriger
Temperatur erhitzen. Die Hühnerteile hineingeben und ein paar Minuten
anbraten. Sobald sie anfangen, Farbe anzunehmen, die restlichen 2 EL
Olivenöl und den Knoblauch zugeben. Die Geflügelteile im Öl wenden
und mit Rosmarin, Salz und Pfeffer würzen. Etwas Wasser aufgießen
und zum Kochen bringen. Die Wärmezufuhr drosseln, den Deckel
auflegen und das Huhn 35 bis 45 Min. schmoren. Dazwischen immer
wieder nachsehen, ob noch genügend Garflüssigkeit vorhanden ist und
bei Bedarf jeweils 1 bis 2 EL Wasser zugießen. Sobald sich das Fleisch
vom Knochen löst, die Hühnerteile auf die Teller verteilen, den
Bratenrückstand in der Schmorpfanne mit einigen EL Wasser oder
Wein ablöschen und als Soße über dem Fleisch verteilen. In der
Zwischenzeit den Reis in einem Topf mit der sechsfachen Menge
gesalzenem Wasser bei geringer Hitze kochen. Den Salat waschen,
trocken schleudern, kleinzupfen und in einer Schüssel anrichten. In
einer kleinen Schüssel das Olivenöl, Zitronensaft, etwas Senf, Salz und
Honig gut verrühren und mit dem Salat vermischen.

3.30 Hühnerfleisch mit weißen Rüben auf Reis

Huhn stärkt Blut und Knochenmark und Reis ist gut zur Entwässerung
des Körpers bei Übergewicht und Bluthochdruck.

Anzahl Portionen: 4
Kalorien p. Portion 323
Gramm p. Portion 335,75
Kochdauer ca. 45 Min.
Allergene: GL
(Kohlehydrat:40% / Eiweiß & Fett:60%)
100g.≈ Eiweiß 26,26g. Fett:27,38g.
µg. - Ph:6,15 Na:1,56 Ka:8,19 Mg:1,93 Ca:2,54 Fe:0,07 Zn:0,02 Col.:1,63 Hsr.:4,88

Zutaten:
Butter Bio 2 EL / 20g. (empfehlenswert)
Olivenöl 2 EL / 20g. (empfehlenswert)
Zwiebel weiss 1 Stück / 60g. (ja)
Speiserüben 4 Stück / 200g. (ja)
Knoblauch 2 Stück / 3g. (ja)
Grundrezept für eine Hühnerbrühe wärmend 1/4 Liter / 100g. (ja)
Petersilie 3 EL / 15g. (ja)
Salz 1 Prise / 1g. (ja)

Olivenöl 1 TL / 4g. (empfehlenswert)
Huhn Fleisch 400 g. / 400g. (ja)
Wasser 6 Tassen / 400g. (ja)
Reis Basmatireis 1 Tasse / 120g. (ja)

Kochanleitung:
Die Butter und das Öl In einem schweren Topf bei niedriger Temperatur
erhitzen. Die Zwiebel dazugeben, umrühren und etwa 20 Min. lang bei
sehr schwacher Hitze weich und goldbraun dünsten. Die
kleingeschnittenen Rüben und die gehackten Knoblauchzehen
hineingeben und gut umrühren. Mit der Hühnerbrühe oder Wasser
aufgießen, etwas Salz hinzufügen und zum Kochen bringen. Die
Wärmezufuhr drosseln, den Deckel auflegen und die Rüben etwa 20
Min. köcheln lassen. Dazwischen hin und wieder nachsehen, ob noch
genügend Flüssigkeit im Topf ist und bei Bedarf etwas Hühnerbrühe
aufgießen. Am Schluss sollte nur noch sehr wenig Flüssigkeit im Topf
sein. Den Deckel abnehmen und die restliche Flüssigkeit unter
ständigem Rühren verdampfen lassen. In der Zwischenzeit in einer
Pfanne mit wenig Öl die kleingeschnittenen Hühnerfleischstücke braten.
Zum Schluss mit ein wenig Chili bestreuen und noch einmal unter
ständigem Wenden 1 Min. weiter braten. Den Reis im Verhältnis 6:1
kochen. Hühnerfleischstücke, Rüben und Reis auf Tellern anrichten, die
Soße darüber verteilen und mit Petersilie bestreut sofort servieren.
Kleine, frische, unbehandelte Rüben brauchen nicht geschält zu
werden. Ansonsten aber sollte man Rüben schälen und 10 Min. lang in
heißes Wasser legen. Dadurch werden sie leichter verdaulich und
verlieren etwas von ihrem scharfen, stechenden Geruch. Weiße Rüben
sind reich an Vitamin C, Kalium und Folsäure.

3.31 Hüttenkäse mit gedünstetem Obst

Gut bei Appetitlosigkeit, Schluckstörungen, schwacher Verdauung,
harntreibend.
Anzahl Portionen: 2
Kalorien p. Portion 215
Gramm p. Portion 250
Kochdauer ca.   20 Min.
Allergene: G
(Kohlehydrat:40,48% / Eiweiß & Fett:59,52%)
100g.≈ Eiweiß 18,45g. Fett:6,4g.
µg. - Ph:44,6 Na:114,5 Ka:50,9 Mg:3,7 Ca:25,6 Fe:0,11 Zn:0,09 Col.:0,64 Hsr.:3

Zutaten:
Hüttenkäse 300 g. / 300g. (ja)
Apfel (sauer) 1 Stück / 100g. (ja)
Birne 1 Stück / 100g. (ja)

Kochanleitung:
Äpfel und Birnen gut waschen, mit Schale klein schneiden und in einem
Topf mit Dämpfsieb bissfest garen. Herausnehmen und auskühlen
lassen .Hüttenkäse anrichten und Obst darauf verteilen.

3.32 Karpfensuppe

Fördert Milchfluss und Schwitzen, löst Stagnation, senkt Blutdruck,
bakterizid, stärkt Immunsystem, fördert Durchblutung, verbessert
Medikamentenwirkung, regt Appetit an, stärkt Magen-Darm-Funktion,
erweitert Blutgefäße.

Anzahl Portionen: 6
Kalorien p. Portion 166
Gramm p. Portion 316,5
Kochdauer ca. 2 Stunden
Allergene: DO
(Kohlehydrat:28% / Eiweiß & Fett:72%)
100g.≈ Eiweiß 17,89g. Fett:4,48g.
µg. - Ph:2,23 Na:1,04 Ka:3,86 Mg:0,52 Ca:1,11 Fe:0,01 Zn:0,01 Col.:0,61 Hsr.:14,01

Zutaten:
Karpfen 500 g. / 500g. (ja)
Salz 1 Prise / 1g. (ja)
Essig (Apfelessig) 1 TL / 3g. (ja)
Thymian 1 Zweig / 3g. (ja)
Wacholderbeere 8 Stück / 3g. (ja)
Karotte (Mohrrübe, Möhre) 2 Stück / 200g. (ja)
Lauch (Porree) 1 Stück / 200g. (ja)
Zwiebel weiss 1 Stück / 60g. (ja)
Ingwer frisch 1/2 TL / 2g. (ja)
Lorbeerblatt 3 Blatt / 1g. (ja)
Weißwein 1/8 Liter / 125g. (ja)
Basilikum 3 Blatt / 1g. (ja)
Wasser 1 Liter / 800g. (ja)

Kochanleitung:
Vorbereitung: Im Fischgeschäft die Filets von einem mittelgroßen,
ganzen Karpfen herauslösen lassen und Fischkopf, Rückgrat mit
Gräten und Schwanz ebenfalls einpacken lassen. Die Filetstücke in 1
cm große Würfel schneiden, etwas salzen und beiseite stellen.

Fischkopf, Rückgrat mit Gräten und Schwanz des Karpfens in reichlich kaltem Wasser zum Kochen bringen und den Schaum abschöpfen. Einen Spritzer Essig, einen Zweig frischen Thymian und Wacholderbeeren zufügen. Karotte, ein Stück Lauch und grob zerkleinerte Zwiebel dazugeben und mit einer dicken Scheibe Ingwer, einigen Pfefferkörnern, 1 Lorbeerblatt und Salz würzen. Etwa 1,5 Std. köcheln lassen und den Fond durch ein Sieb gießen. Die Karpfenstücke mit einem Schuss Weißwein in einen Topf geben. Rosenpaprika, Basilikumblättchen, fein gestiftelte Karotten, getrockneten Thymian und den Fond zugeben und erwärmen. Die Zutaten ca. 5 Min. kochen lassen, bis die Fischstücke gar sind. Varianten: Die Suppe mit Kuzu oder Kartoffelbrei andicken. Dazu passt: Baguette und trockener Weißwein.

3.33 Kartoffeln mit Bärlauch-Quark

Verbessert Verdauung, regeneriert Haut, harntreibend, senkt Cholesterinspiegel, verbessert die Fließeigenschaften des Blutes. Hilft bei Magendruck, Aufstoßen, Diabetes, akuter oder chronischer Verstopfung des Darmes.
Anzahl Portionen: 2
Kalorien p. Portion 254
Gramm p. Portion 300,55
Kochdauer ca. 20 Min.
Allergene: G
(Kohlehydrat:39,12% / Eiweiß & Fett:60,88%)
100g.≈ Eiweiß 17,32g. Fett:25,36g.
µg. - Ph:51,99 Na:11,2 Ka:120,4 Mg:8,19 Ca:31,89 Fe:0,2 Zn:0,1 Col.:1,71 Hsr.:4,02

Zutaten:
Kartoffel 300 g. / 300g. (ja)
Salz 1 Prise / 0,1g. (ja)
Bärlauch (Knoblauchspinat) 2 Handvoll / 30g. (ja)
Topfen (Quark) 20% 250 g. / 250g. (ja)
Joghurt (natur, 1,5 % Fett) 2 EL / 20g. (ja)
Salz 1 Prise / 1g. (ja)

Kochanleitung:
Kartoffeln in Salzwasser kochen und schälen. Die Bärlauchblätter werden gewaschen, vorsichtig abgetrocknet und in feine Streifen geschnitten. Quark, Joghurt und Salz verrühren und zuletzt den Bärlauch untermischen. Zu den Kartoffeln servieren. In der Jahreszeit, in der kein Bärlauch wächst, kann das Bärlauch-Pesto verwendet werden.

3.34 Klare Brühe aus Gänseklein

Stärkt Qi von Milz und Magen, ist sehr kräftigend, fördert Schwitzen, löst Stagnation, senkt Blutdruck und erweitert Blutgefäße. Bakterizid, stärkt Immunsystem und Magen-Darm-Funktion, regt Verdauung an, reduziert Schmerzen.

Anzahl Portionen: 6
Kalorien p. Portion 334
Gramm p. Portion 313,83
Kochdauer ca. 2-3 Stunden
Allergene:
(Kohlehydrat:8% / Eiweiß & Fett:92%)
100g.≈ Eiweiß 20,54g. Fett:17,63g.
μg. - Ph:1,74 Na:1,63 Ka:4,66 Mg:0,3 Ca:0,58 Fe:0,02 Zn:0,01 Col.:0,9 Hsr.:2,06

Zutaten:
Gans (Gänseklein) 500 g. / 500g. (empfehlenswert)
Karotte (Mohrrübe, Möhre) 1 Stück / 100g. (ja)
Zwiebel Schalotte 1 Stück / 25g. (ja)
Lauch (Porree) 1 Stück / 250g. (ja)
Petersilie 1 Zweig / 4g. (ja)
Liebstöckel 1 Zweig / 4g. (ja)
Kerbel 1 Prise / 0,2g. (ja)
Wasser 1 Liter / 1000g. (ja)
Salz 1 Prise / 0,5g. (ja)

Kochanleitung:
Gänseklein mit Gemüse und Kräutern 2-3 Std. köcheln. Durch ein Sieb abseihen und abkühlen lassen. Entfetten und im Kühlschrank aufbewahren.

3.35 Klassisches Ingwerhuhn mit Reiswein

Stärkt Magen, Milz, Blut und Knochenmark. Lindert Müdigkeit, verbessert Magen-Darm-Funktion, harntreibend, aufbauend, augenstärkend, entgiftend, gewebe- und nervenstärkend.

Anzahl Portionen: 4
Kalorien p. Portion 357
Gramm p. Portion 243,5
Kochdauer ca. 30 Min.
Allergene: GO
(Kohlehydrat:20,22% / Eiweiß & Fett:79,78%)
100g.≈ Eiweiß 30,07g. Fett:30,92g.
μg. - Ph:33,04 Na:6,03 Ka:39,17 Mg:6,64 Ca:4,02 Fe:0,47 Zn:0,03 Col.:2,87 Hsr.:28,25

Zutaten:
Butter Bio 3 EL / 30g. (empfehlenswert)
Ingwer frisch 2 EL / 18g. (ja)
Salz 1 Prise / 0,5g. (ja)
Huhn Fleisch 2 Stück (Beine) / 500g. (ja)
Lycheelikör 1 Schuss / 2g. (ja)
Curry 1 Prise / 1g. (ja)
Sake 1 Schuss / 1g. (ja)
Mais 4 EL / 30g. (ja)
Hirse 1/2 Tasse / 50g. (ja)
Wasser 2 Tassen / 200g. (ja)
Salz 1 Prise / g. (ja)
Kopfsalat 1/2 Stück / 100g. (ja)
Olivenöl 1 EL / 10g. (empfehlenswert)
Essig (Apfelessig) 1 TL / 3g. (ja)
Wasser 2 EL / 20g. (ja)
Salz 1 Prise / 0,5g. (ja)
Kräuter verschiedene 1 EL / 8g. (ja)

Kochanleitung:
In einer Pfanne (am besten aus Gusseisen oder Emaille) Butter erhitzen und reichlich kleingeschnittenen Ingwer (etwa 1 gehäuften EL pro Hühnerschlegel) bei niedriger Hitze kurz anbraten. Die Hühnerschlegel und/oder andere Teile vom Huhn rundherum bei schwacher Hitze anbraten und salzen. Lycheelikör oder Ahornsirup und etwas Curry zugeben und kurz mitbraten. Reichlich Sake unterrühren und Maiskörner (aus dem Glas, Naturkosthandel) zugeben und alle Zutaten in der Soße einige Minuten kochen lassen, bis das Fleisch gar ist und dann mit Salz abschmecken. Dazu passt: Hirse, Blatt- oder Kopfsalat.

3.36 Kürbisklößchen mit Tomaten-Petersiliensoße

Schont die Verdauungsorgane, beruhigt Nerven und Magen, hilft Fett zu verdauen, senkt Blutdruck, regt Leberfunktion an, löst Stagnation. Gut bei Appetitlosigkeit, Blähungen.

Anzahl Portionen: 2
Kalorien p. Portion 381
Gramm p. Portion 277,35
Kochdauer ca. 30 Min.
Allergene: ACG
(Kohlehydrat:60,39% / Eiweiß & Fett:39,61%)
100g.≈ Eiweiß 20,46g. Fett:11,68g.
µg. - Ph:70,84 Na:40,59 Ka:124,45 Mg:12,56 Ca:44,62 Fe:0,87 Zn:0,25 Col.:22,16
Hsr.:24,25

Zutaten:
Hokkaidokürbis 100 g. / 100g. (ja)
Huhn Ei 2 Stück / 120g. (ja)
Weizen Mehl 100-150 g. / 120g. (ja)
Salz 1 Prise / 1g. (ja)
Pfeffer gemahlen 1 Prise / 0,5g. ()
Muskatnuss 1 Prise / 0,2g. (ja)
Zitrone Schale 1/2 TL / 2g. (ja)
Parmesan 2 EL / 20g. (empfehlenswert)
Zwiebel Frühlingszwiebel 2 Stück / 40g. (ja)
Tomate 100 g. / 100g. (ja)
Petersilie 1/2 Bund / 50g. (ja)
Salz 1 Prise / 1g. (ja)

Kochanleitung:
Kürbis mit einem scharfen Messer schälen, die Kerne entfernen und
das Fruchtfleisch in große Würfel schneiden. Kürbis in Alufolie wickeln
und im vorgeheizten Ofen bei 200 Grad 20 Min. backen. Eventuell
ausgetretenen Kürbissaft abgießen. Kürbis mit der Gabel fein
zerdrücken und mit den Eiern verrühren. So viel Mehl zugeben, bis ein
Teig entstanden ist, aus welchem sich Klößchen abstechen lassen. Die
Masse mit Zitronenschale, Salz, Pfeffer und Muskat würzen. Mit einem
Teelöffel kleine Klößchen abstechen und im kochenden Salzwasser ca.
7 Min. ziehen lassen. In einer Pfanne die Zwiebeln glasig rösten und die
Tomatenwürfel, Salz und die gehackte Petersilie kurz mit andünsten.
Kürbisklößchen portionsweise mit der Tomaten-Petersilien-Soße
anrichten und Parmesan dazu reichen.

3.37 Kuzuwasser

Enthält viele Vitamine und Mineralstoffe. Zur Stärkung der Darmflora,
besonders nach Antibiotikaeinnahme. Beruhigt die Magenschleimhaut
und schützt den Magen.
Anzahl Portionen: 1
Kalorien p. Portion 7
Gramm p. Portion 122
Kochdauer ca. 5 Min.
Allergene:
(Kohlehydrat:99,17% / Eiweiß & Fett:0,83%)
100g.≈ Eiweiß 0g. Fett:0,01g.
µg. - Ph:0 Na:0,98 Ka:0 Mg:0,98 Ca:4,92 Fe:0,01 Zn:0,1 Col.:0 Hsr.:0

Zutaten:
Kuzu 1/2 TL / 2g. (ja)
Wasser 1 Tasse / 120g. (ja)

Kochanleitung:
Kuzu zerstoßen, mit lauwarmem Wasser aufgießen und kurz ziehen
lassen, bis eine milchige Flüssigkeit entsteht. Dann abseihen.

3.38 Lasagne mit Tofucreme

Harmonisiert Milz und Magen, lindert Blähungen, schont die
Verdauungsorgane, wirkt bei Appetitlosigkeit, Darmentzündung,
Magengeschwür, Rheuma, Sodbrennen, Zwölffingerdarmgeschwür.
Anzahl Portionen: 4
Kalorien p. Portion 301
Gramm p. Portion   231
Kochdauer ca.   45 Min.
Allergene: ACEG
(Kohlehydrat:49,88% / Eiweiß & Fett:50,12%)
100g.≈ Eiweiß 19,3g. Fett:11,86g.
µg. - Ph:35,07 Na:14,02 Ka:27,57 Mg:16,2 Ca:29,05 Fe:0,36 Zn:0,05 Col.:3,83 Hsr.:15,29

Zutaten:
Soja Tofu 400 g. / 400g. (ja)
Huhn Ei 2 Stück / 100g. (ja)
Zwiebel weiss 2 Stück / 120g. (ja)
Tomate 100 g. / 100g. (ja)
Oregano getrocknet 1 Prise / 1g. (ja)
Majoran 1 Prise / 1g. (ja)
Paprika (Rosenpaprikapulver) 1 Prise / 1g. (ja)
Salz 1 Prise / 1g. (ja)
Nudeln (Weizen, Lasagneblätter) mit Ei 150 g. / 150g. (ja)
Edamer 50 g. / 50g. (ja)

Kochanleitung:
Tofucreme: Tofu mit Eiern, Zwiebeln, kleinen Tomaten, Oregano,
Majoran, Paprika und etwas Jodsalz mit einer Küchenmaschine mit
Messereinsatz oder einem Pürierstab zu einer glatten Masse
verarbeiten. Lasagne: In eine Auflaufform (ca. 25 x 15 cm) 1/5 der
Tofucreme geben, mit 3 Lasagneblätter abdecken, diesen Vorgang
noch 2 x wiederholen und abschließend das letzte Fünftel der
Tofucreme über die Teigplatten streichen. Mit etwas geriebenem
Edamer bestreuen und im Backofen bei 175 Grad ca. 30 Min. backen.

3.39 Mungbohnen-Eintopf

Lindert übermäßigen Durst, harntreibend, reduziert Blutfett, lindert Allergien, stärkt Milz, Magen und Muskeln, senkt Cholesterinspiegel, antiparasitär, regt Leberfunktion an, entgiftet.

Anzahl Portionen: 2
Kalorien p. Portion 665
Gramm p. Portion 353,25
Kochdauer ca. 2 Stunden
Allergene:
(Kohlehydrat:62,18% / Eiweiß & Fett:37,82%)
100g.≈ Eiweiß 35,03g. Fett:17,55g.
µg. - Ph:97,22 Na:5,17 Ka:54,65 Mg:61,21 Ca:35,64 Fe:0,37 Zn:0,07 Col.:0,01 Hsr.:52,82

Zutaten:
Mungbohne 1/4 Kg. / 300g. (ja)
Sonnenblumenöl 3 EL / 30g. (empfehlenswert)
Amaranth 1/2 TL / 2g. (ja)
Fenchelsamen gemahlen 1/2 TL / 2g. (ja)
Cumin (Kreuzkümmel) 1/2 TL / 2g. (ja)
Koriander 1/2 TL / 2g. (ja)
Reis Rundkornreis 1/2 Tasse / 60g. (ja)
Wasser 3 Tassen / 300g. (ja)
Ingwer frisch 2 cm. / 3g. (ja)
Kombualge 3 cm. / 2g. (ja)
Salz 1 Prise / 0,5g. (ja)
Petersilie 1 EL / 3g. (ja)

Kochanleitung:
Mungbohnen über Nacht einweichen. Sonnenblumenöl im Topf erhitzen. Amaranth, Fenchelsamen, Cumin und Koriander einrühren und kurz anrösten. Basmatireis, etwas Ingwer und Mungbohnen zugeben und kurz mitrösten. Wasser aufgießen und aufkochen lassen. Ein Stück Kombu-Alge und Salz zugeben und 1-1,5 Std. köcheln .Mit Petersilie oder Koriander garnieren.

3.40 Nierenbohneneintopf mit Lamm und Salbei

Lindert Schwächezustände, stärkt Lunge, Milz und Magen, harntreibend, stärkt Magen-Darm-Funktion, erweitert Blutgefäße, bakterizid, beugt Krebs vor, beugt Krankheiten vor (bei älteren Menschen).

Anzahl Portionen: 4
Kalorien p. Portion   391
Gramm p. Portion   339
Kochdauer ca.   1 1/2 Stunden
Allergene: F
(Kohlehydrat:41% / Eiweiß & Fett:59%)
100g.≈ Eiweiß 25,94g. Fett:17,91g.
µg. - Ph:2,86 Na:3,18 Ka:4,62 Mg:0,58 Ca:1,08 Fe:0,6 Zn:0,05 Col.:0,73 Hsr.:4,01

Zutaten:
Sojaöl 3 EL / 30g. (empfehlenswert)
Zwiebel weiss 2 Stück / 120g. (ja)
Lamm Fleisch 200 g / 200g. (ja)
Salz 1 Prise / 0,5g. (ja)
Salbei 4-5 Blätter / 2g. (ja)
Rosmarin 1/2 TL / 2g. (ja)
Thymian 1/2 TL / 2g. (ja)
Nierenbohnen (rote) 250 g. / 250g. (ja)
Wasser 3/4 Liter / 750g. (ja)

Kochanleitung:
Nierenbohnen über Nacht in Wasser einweichen und abseihen. Zwiebel
in Öl anrösten, das in Würfel geschnittene Lammfleisch zufügen und mit
Salz, Salbei, Rosmarin und Thymian würzen. Lamm gut anrösten, Topf
zudecken und bei kleiner Flamme dünsten lassen und nach 10 Min. ¾
Liter kaltes Wasser zugeben. Nochmals salzen, zum Kochen bringen
und Bohnen zufügen. Mind. 1 Std. köcheln lassen, bis Bohnen und
Fleisch weich sind.

3.41 Nudel-Auflauf mit Quark und Pfirsichen

Lindert Müdigkeit, entspannt, stärkt die Abwehr, beruhigt Nerven und
Magen. Gut bei Aufstoßen, akuter oder chronischer Verstopfung,
Blähungen, Sodbrennen.
Anzahl Portionen: 4
Kalorien p. Portion   442
Gramm p. Portion   293,5
Kochdauer ca.   1 Stunde
Allergene: ACGO
(Kohlehydrat:65,89% / Eiweiß & Fett:34,11%)
100g.≈ Eiweiß 17,56g. Fett:19,07g.
µg. - Ph:26,04 Na:6,66 Ka:36,6 Mg:4,79 Ca:10,1 Fe:0,19 Zn:0,04 Col.:3,85 Hsr.:9,81

Zutaten:
Pfirsich 500 g. / 500g. (ja)
Nudeln (Weizen, Bandnudeln) mit Ei 200 g / 200g. (ja)
Huhn Ei 2 Stück / 120g. (ja)
Zucker (Staubzucker) 40 g. / 40g. (empfehlenswert)
Vanillezucker natur 3 Paket / 3g. (ja)
Zitrone Schale 1/2 Stück / 2g. (ja)
Zimtpulver 1/4 TL / 1g. (ja)
Topfen (Quark) 20% 250 g. / 250g. (ja)
Butter Bio 2 TL / 8g. (empfehlenswert)
Erdbeermarmelade 4 EL / 50g. (ja)

Kochanleitung:
Ofen auf 180 Grad vorheizen. Pfirsiche kurz in kochendes Wasser legen, abtropfen lassen und die Haut abziehen. Pfirsiche in kleine Spalten schneiden. Nudeln in reichlich Salzwasser bissfest kochen, abgießen, kalt abschrecken und abtropfen lassen. Eier trennen. Eigelb mit Puderzucker, Vanillezucker, abgeriebener Zitronenschale und Zimt mit dem Schneebesen schaumig rühren. Quark einrühren und die Nudeln untermischen. Eiweiß zu festem Schnee schlagen und vorsichtig unter die Nudelmasse heben. Eine Auflaufform dünn mit Butter ausstreichen. Abwechselnd Quark-Nudelmasse und Pfirsichspalten in die Form schichten und mit der Nudelmasse abschließen. Den Auflauf mit Butterflöckchen bestreuen und im vorgeheizten Ofen 30 Min. backen. Portionsweise mit einem Esslöffel Marmelade anrichten.

3.42 Nudeln mit Putenfleisch und Ananas

Bakterizid, löst Gallen-, Nieren- und Blasensteine, liefert Vitamin C, stärkt Blut, baut Milz und Magen auf, stärkt Knochenmark, lindert Entzündungen, harntreibend.

Anzahl Portionen: 4
Kalorien p. Portion 292
Gramm p. Portion 333,12
Kochdauer ca. 45 Min.
Allergene: ACGL
(Kohlehydrat:53,34% / Eiweiß & Fett:46,66%)
100g.≈ Eiweiß 17,59g. Fett:11,45g.
µg. - Ph:22,17 Na:12,05 Ka:50,8 Mg:7,11 Ca:16,79 Fe:0,18 Zn:0,05 Col.:0,98 Hsr.:12,27

Zutaten:
Nudeln (Vollkorn) mit Ei 200 g / 200g. (ja)
Ananas 200 g / 200g. (ja)
Wasser 100 ml. / 50g. (ja)
Pute Brustfleisch 200 g / 200g. (ja)
Rapsöl 1 EL / 12g. (empfehlenswert)
Knoblauch 1 Stück / 2g. (ja)
Grundrezept für eine Gemüsebrühe nahrhaft 100 ml. / 100g. (ja)
Kuhmilch (Vollmilch 3,5 % Fett) 180 ml. / 180g. (empfehlenswert)
Frischkäse 75 g. / 75g. (ja)
Curry 3 tl / 6g. (ja)
Salz 1 Prise / 1g. (ja)
Pfeffer gemahlen 1 Prise / 0,5g. ()
Granatapfel 1 Stück / 300g. (ja)
Kokosflocken 1 EL / 6g. (ja)

Kochanleitung:
Die Nudeln in Salzwasser gar kochen. Die Ananas würfelig schneiden und 5 Min. in Wasser köcheln. Das in Streifen geschnittene Fleisch in Öl anbraten, den gehackten Knoblauch und die in Stücke geschnittene Ananas zufügen, etwa 50 ml vom Ananassaft zugeben und die Gemüsebrühe einrühren. Die Milch und den Frischkäse einrühren, bis er sich vollständig aufgelöst hat. Nun den Curry dazugeben und ein paar Minuten köcheln lassen, bis eine cremige Konsistenz erreicht ist. Mit Salz und Pfeffer abschmecken. Jetzt die Nudeln in die fertige Soße geben. Den Granatapfel aufschneiden und die Kerne auslösen. Beliebig viele Kerne auf den angerichteten Nudeln verteilen. Wer mag, kann Kokosraspeln darüber streuen.

3.43 Palatschinken mit Spinat und Parmesan

Fördert Ausscheidung und Durchblutung, stärkt Magen, Darm und Immunsystem. Gut bei Appetitlosigkeit, Blähungen, Bluthochdruck, Depressionen, Diabetes, Verstopfung, Darmentzündung.
Anzahl Portionen: 6
Kalorien p. Portion 329
Gramm p. Portion 303
Kochdauer ca. 25 Min.
Allergene: ACGL
(Kohlehydrat:46% / Eiweiß & Fett:54%)
100g.≈ Eiweiß 17,5g. Fett:18,52g.
µg. - Ph:3,27 Na:3,24 Ka:6,47 Mg:0,96 Ca:4,52 Fe:0,05 Zn:0,02 Col.:1,32 Hsr.:1,02

Zutaten:
Vollkornmehl 100 g. / 100g. (ja)
Weizen Mehl 100 g. / 100g. (ja)
Huhn Ei 4 Stück / 200g. (ja)
Kuhmilch (Vollmilch 3,5 % Fett) 400 ml. / 400g. (empfehlenswert)
Salz 1 Prise / 1g. (ja)
Sonnenblumenöl 1 EL / 15g. (empfehlenswert)
Olivenöl 1 EL / 15g. (empfehlenswert)
Zwiebel weiss 1 Stück / 50g. (ja)
Petersilie 1/2 Bund / 80g. (ja)
Grundrezept für eine Gemüsebrühe nahrhaft 150 ml. / 150g. (ja)
Basilikum (frisch) 1/4 TL / 1g. (ja)
Muskatnuss 1 Prise / 0,3g. (ja)
Creme fraiche 3 EL / 45g. (empfehlenswert)
Spinat 600 g. / 600g. (ja)
Salz 1 Prise / 1g. (ja)
Pfeffer gemahlen 1 Prise / 0,1g. ()
Parmesan 60 g. / 60g. (empfehlenswert)

Kochanleitung:
Mehl, Eier, Milch und eine Prise Salz mit dem Schneebesen glatt
rühren. Aus dem Teig Palatschinken auf beiden Seiten knusprig braun
braten .Öl in einem kleinen Topf erhitzen und kleingeschnittene Zwiebel
darin gut weich dünsten. Kleingehackte Petersilie unterrühren und kurz
mitdünsten. Mit der Gemüsebrühe (nach Grundrezept) aufgießen, mit
Basilikum und Muskat würzen und zugedeckt 15 Min. köcheln lassen.
Crème fraîche zugeben und alles fein pürieren. Den gewaschenen
tropfnassen Spinat mit etwas Salz in einem geschlossenen Topf bei
mäßiger Hitze 3 Min. kochen, in einem Sieb abtropfen lassen und in
kleine Stücke schneiden. Spinat in die Soße einrühren und kurz
erhitzen. Parmesan untermischen. Die Palatschinken mit dem
Rahmspinat füllen.

3.44 Paprika-Putenfleisch mit Reis und Salat

Stärkt Blut und Knochenmark.
Anzahl Portionen: 6
Kalorien p. Portion 391
Gramm p. Portion 360,67
Kochdauer ca. 1 Stunde
Allergene: AG
(Kohlehydrat:23% / Eiweiß & Fett:77%)
100g.≈ Eiweiß 32,56g. Fett:36,94g.
µg. - Ph:3,05 Na:0,65 Ka:3,68 Mg:0,58 Ca:0,79 Fe:0,03 Zn:0,01 Col.:0,91 Hsr.:2,44

Zutaten:
Olivenöl 2 EL / 20g. (empfehlenswert)
Zwiebel weiss 1 Stück / 60g. (ja)
Paprika (Rosenpaprikapulver) 2 EL / 14g. (ja)
Huhn Fleisch 1 Stück / 800g. (ja)
Wasser 250 ml. / 250g. (ja)
Salz 1 Prise / 1g. (ja)
Dinkel Vollkornmehl 1 EL / 7g. (ja)
Sauerrahm 15% Fett 250 g. / 250g. (ja)
Wasser 6 Tassen / 400g. (ja)
Reis Basmatireis 1 Tasse / 120g. (ja)
Salz 1 Prise / 1g. (ja)
Kopfsalat 1 Stück / 200g. (ja)
Olivenöl 2 EL / 20g. (empfehlenswert)
Zitrone Saft 1/2 Stück / 15g. (ja)
Kräuter verschiedene 2 EL / 6g. (ja)

Kochanleitung:
Die Zwiebel würfeln und im erhitzten Öl in einem Topf goldgelb anbraten. Mit reichlich Paprika würzen und sorgsam umrühren, damit er nicht anbrennt. Den Topf beiseite stellen. In einer Kasserolle die Hühnerteile von einer Seite anbraten, wenden, die Zwiebeln aus dem Topf darüber verteilen und die Hühnerteile von der anderen Seite anbraten. Sobald sie eine sattrote Farbe angenommen haben, Gemüsebrühe aufgießen und zum Kochen bringen. Salzen, die Wärmezufuhr drosseln und die Hühnerteile ca. 45 Min. schmoren, bis sie durchgegart sind. Die Geflügelteile samt Garflüssigkeit in eine Schüssel geben und beiseite stellen. 2 bis 3 EL Mehl in die Kasserolle einstreuen und nach und nach die Garflüssigkeit wieder zugeben und dabei ständig rühren, bis die Soße eingedickt ist. Den Sauerrahm oder Joghurt unterrühren, die Geflügelteile wieder in den Topf geben und nochmals gut durchwärmen, aber nicht mehr kochen. Den Reis in gesalzenem Wasser aufkochen und ziehen lassen, bis er weich ist. Den Kopfsalat waschen und schleudern, kleinzupfen und in eine Schüssel geben. In einer Tasse Olivenöl, Zitronensaft, Salz und frische gehackte Kräuter anrühren und über den Salat gießen.

3.45 Polenta mit Spiegelei

Beruhigt Nerven und Magen. Stärkt Magen und Milz, harntreibend, stärkt Gallensaftproduktion, bakterizid, stärkt Magensaftproduktion, fördert Verdauung und Durchblutung, fördert das Wachstum, löst Stagnation, beugt Krebs vor.

Anzahl Portionen: 2
Kalorien p. Portion 410
Gramm p. Portion 294,35
Kochdauer ca. 15 Min.
Allergene: CG
(Kohlehydrat:54,98% / Eiweiß & Fett:45,02%)
100g.≈ Eiweiß 21,69g. Fett:15,59g.
µg. - Ph:54,39 Na:31,07 Ka:45,15 Mg:5,44 Ca:14,93 Fe:0,57 Zn:0,18 Col.:42,25 Hsr.:4,04

Zutaten:
Wasser 2 Tassen / 200g. (ja)
Mais Gries (Polenta) 1 Tasse / 120g. (ja)
Ingwer frisch 1 Prise / 0,5g. (ja)
Butter Bio 1/2 TL / 2g. (empfehlenswert)
Pfeffer gemahlen 1 Prise / 0,2g. ()
Muskatnuss 1 Prise / 0,2g. (ja)
Salz 1 Prise / 0,5g. (ja)
Zitrone Saft 1 Spritzer / 1g. (ja)
Paprika (Rosenpaprikapulver) 1 Prise / 0,3g. (ja)
Huhn Ei 4 Stück / 250g. (ja)
Lauchzwiebel Schnittlauch 2 EL / 14g. (ja)

Kochanleitung:
In einen Topf mit heißem Wasser Polenta und etwas kleingeschnittenen Ingwer einrühren und quellen lassen, bis die Polenta gar ist. Ein Stück Butter, Pfeffer, Muskat, Salz, einige Spritzer Zitrone und eine Prise Rosenpaprika unterrühren .Die Polenta in eine feuerfeste Schüssel geben und pro Person1 Spiegelei aufsetzen und im Backofen einige Minuten überbacken, so dass das Eigelb noch flüssig ist. Mit gemahlenem Pfeffer, fein geschnittenem Schnittlauch und etwas Salz bestreuen.

3.46 Putenbrust mit Gemüse (asiatisch)

Stärkt Blut, baut Milz und Magen auf, stärkt Knochenmark, löst Stagnation, fördert die Verdauung, kuriert Bluthochdruck, befeuchtet Lunge und Dickdarm, gut gegen Depressionen.

Anzahl Portionen: 2
Kalorien p. Portion 535
Gramm p. Portion 371
Kochdauer ca. 45 Min.
Allergene: AEN
(Kohlehydrat:54% / Eiweiß & Fett:46%)
100g.≈ Eiweiß 31,92g. Fett:18,02g.
µg. - Ph:27,73 Na:66,82 Ka:46,74 Mg:7,57 Ca:3,14 Fe:0,2 Zn:0,21 Col.:4,05 Hsr.:15,18

Zutaten:
Reis Sorte beliebig 1 Tasse / 120g. (ja)
Wasser 6 Tassen / 240g. (ja)
Pute Brustfleisch 200 g / 200g. (ja)
Ingwer frisch 1 cm. / 3g. (ja)
Knoblauch 1 Stück / 2g. (ja)
Sojasauce 2 EL / 20g. (ja)
Weizen Mehl 2 TL / 15g. (ja)
Zwiebel Frühlingszwiebel 2 Stück / 40g. (ja)
Paprika 1/2 Stück / 10g. (ja)
Champignon 8 Stück / 30g. (ja)
Sesamöl 2 EL / 20g. (empfehlenswert)
Sojasauce 1 EL / 12g. (ja)
Curry 1 Prise / 2g. (ja)
Kurkuma (Gelbwurz) 1 Prise / 2g. (ja)
Chili (Schote oder gemahlen) 1 Prise / 1g. (ja)
Cashewnüsse 2 TL / 25g. (empfehlenswert)

Kochanleitung:
Reis im Salzwasser gar kochen. Das Putenfleisch in schmale Streifen schneiden. Ingwer und Knoblauch schälen und würfeln und zusammen mit den Fleischstreifen in eine Schüssel geben. 1 EL Sojasoße mit der Weizenstärke vermischen und glattrühren. Danach über das Fleisch geben und alles 30 Min. marinieren. Frühlingszwiebeln und Paprika waschen, putzen und in kleine Stücke schneiden. Die Champignons putzen und vierteln.1 EL des Sesamöls in eine beschichtete Pfanne geben und das marinierte Putenfleisch scharf anbraten und warm stellen. Nun das restliche Öl in die Pfanne geben und das andere Gemüse darin anbraten. Das Fleisch dazugeben und mit Sojasoße und den Gewürzen abschmecken. Mit dem Reis anrichten. Die Cashewkerne vor dem Servieren über das Gericht streuen.

3.47 Quarkknödel auf Erdbeermus

Erdbeeren stärken Milz, Magen und Blut. Eier beruhigen Nerven und Magen.

Anzahl Portionen: 5
Kalorien p. Portion 553
Gramm p. Portion 296,2
Kochdauer ca. 30 Min.
Allergene: ACG
(Kohlehydrat:40,09% / Eiweiß & Fett:59,91%)
100g.≈ Eiweiß 18,89g. Fett:46,85g.
µg. - Ph:26,63 Na:18,36 Ka:29,44 Mg:4,74 Ca:12,16 Fe:0,21 Zn:0,02 Col.:2,41 Hsr.:3,59

Zutaten:
Topfen (Quark) 20% 500 g. / 500g. (ja)
Dinkel Gries 150 g. / 150g. (ja)
Butter Bio 40 g. / 40g. (empfehlenswert)
Huhn Ei 2 Stück / 120g. (ja)
Zucker (Staubzucker) 2 EL / 20g. (empfehlenswert)
Salz 1 Prise / 1g. (ja)
Brösel (Weizenbrot, Semmel) 3 EL / 25g. (ja)
Butter Bio 100 g. / 100g. (empfehlenswert)
Erdbeere 500 g. / 500g. (ja)
Zucker (Staubzucker) 3 EL / 25g. (empfehlenswert)

Kochanleitung:
Quark, Grieß, Butter, Eier, Puderzucker und Salz zu einem glatten Teig verrühren. Den Teig ca. 15 Min. im Kühlschrank ruhen lassen. Danach kleine Knödel (ca. 4 cm) formen und in leicht kochendem Salzwasser ca. 10 Min. ziehen lassen. In einer Pfanne Butter erwärmen und die Brösel darin goldbraun anrösten. Die Knödel vorsichtig in den Bröseln wälzen. Aus Erdbeeren und Puderzucker mit dem Mixstab ein Mus pürieren und zu den Knödeln reichen.

3.48 Rhabarberkuchen mit Streuseln

Führt ab, senkt Fieber, schont die Verdauungsorgane, entgiftet, wirkt bei Appetitlosigkeit, Blähungen, Darmentzündung. Lindert Schmerzen, bakterizid, hilft bei brüchigen Nägeln und Haaren.

Anzahl Portionen: 8
Kalorien p. Portion 476
Gramm p. Portion 239,5
Kochdauer ca. 1 1/2 Stunden
Allergene: AG
(Kohlehydrat:71,96% / Eiweiß & Fett:28,04%)
100g.≈ Eiweiß 12,4g. Fett:15,41g.
µg. - Ph:14,75 Na:1,3 Ka:29,73 Mg:3,75 Ca:5,17 Fe:0,2 Zn:0,02 Col.:0,01 Hsr.:12,08

Zutaten:
Weizen Mehl 400 g. / 400g. (ja)
Kuhmilch (Vollmilch 3,5 % Fett) 250 ml. / 200g. (empfehlenswert)
Hefe 30 g. / 30g. (ja)
Honig 2 TL / 5g. (ja)
Sonnenblumenöl 2 TL / 5g. (empfehlenswert)
Zitrone Schale 1 Stück / 3g. (ja)
Salz 1 Prise / 1g. (ja)
Rhabarber 1 Kg / 800g. (ja)
Margarine 120 g. / 120g. (empfehlenswert)
Weizen Mehl 300 g. / 300g. (ja)
Vanillezucker natur 2 Prisen / 1g. (ja)
Zimtpulver 2 Prisen / 1g. (ja)
Honig 5 EL / 50g. (ja)

Kochanleitung:
Mehl, abgeriebene Zitronenschale und Salz mischen. Milch leicht
erwärmen und mit Hefe und Honig verrühren. Mehlgemisch und Öl
zugeben und kräftig durchkneten. Den Teig zugedeckt an einem
warmen Ort gehen lassen, bis er die doppelte Menge erreicht hat (ca.
30 Min.). Für die Streusel Mehl mit Vanille und Zimt mischen, danach
Honig und Margarine zufügen und zu einer krümeligen Masse
verarbeiten. Streuselteig noch kühl stellen. Ein Backblech mit
Backpapier auslegen . Den Teig für den Boden noch einmal
durchkneten, ausrollen, auf das Backblech legen und noch einmal 10
Min. gehen lassen. Den Rhabarber waschen, putzen, längs halbieren
und in ca. 3 cm große Stücke schneiden. Die Stücke gleichmäßig auf
dem ausgerollten Teig verteilen und die Streusel über den gesamten
Kuchen krümeln. Den Kuchen in dem auf 175 Grad vorgeheizten
Backofen ca. 40 Min. backen.

3.49 Rindfleisch mit Rotwein

Stärkt Milz und Magen, stärkt Blut, Muskeln, Sehnen und Knochen. Zur
Kräftigung nach Krankheiten. Gut bei Verstimmungen, Herz-Kreislauf-
Störungen und Völlegefühl. Fördert Verdauung, harntreibend.

Anzahl Portionen: 4
Kalorien p. Portion 201
Gramm p. Portion 251
Kochdauer ca. 2 Stunden
Allergene: O
(Kohlehydrat:6% / Eiweiß & Fett:94%)
100g.≈ Eiweiß 24,27g. Fett:5,59g.
µg. - Ph:6,2 Na:1,6 Ka:10,14 Mg:0,89 Ca:0,61 Fe:0,11 Zn:0,16 Col.:2,33 Hsr.:4,26

Zutaten:
Rind Filet 1/2 Kg. / 500g. (ja)
Rotwein 1/4 Liter / 250g. (ja)
Sternanis 3 Stück / 2g. (ja)
Wacholderbeere 1 TL / 2g. (ja)
Marillen 6 Stück getrocknete / 50g. (ja)
Salz 1 Prise / 0,5g. (ja)
Wasser 1/4 Liter / 200g. (ja)

Kochanleitung:
Rindfleisch klein schneiden und mit Rotwein übergießen. Sternanis und Wacholder fein zerstoßen und dazugeben. Aprikosen halbieren und dazugeben. 2 Std. marinieren. In einen Topf geben, salzen und 1 Std. köcheln lassen. Bei Bedarf etwas Wasser zufügen.

3.50 Rindfleisch-Kürbis-Gemüse-Eintopf

Lindert Entzündungen, verbessert Verdauung, reduziert Blutzucker, stärkt Muskeln, Sehnen und Knochen, hilft Fett zu verdauen.
Anzahl Portionen: 4
Kalorien p. Portion 368
Gramm p. Portion 403,88
Kochdauer ca. 1 Stunde
Allergene: AL
(Kohlehydrat:47,68% / Eiweiß & Fett:52,32%)
100g.≈ Eiweiß 30,33g. Fett:11,31g.
µg. - Ph:18,15 Na:12,9 Ka:63,49 Mg:6,73 Ca:14,8 Fe:0,3 Zn:0,08 Col.:1 Hsr.:11,31

Zutaten:
Rind Fleisch 350 g. / 350g. (ja)
Kürbis 350 g. / 350g. (ja)
Lauch (Porree) 150 g. / 150g. (ja)
Kartoffel 350 g. / 350g. (ja)
Tomate 150 g. / 150g. (ja)
Olivenöl 2 EL / 25g. (empfehlenswert)
Grundrezept für eine Gemüsebrühe nahrhaft 125 g. / 125g. (ja)
Salz 1 Prise / 1g. (ja)
Pfeffer gemahlen 1 Prise / 0,5g. ()
Paprika (Rosenpaprikapulver) 1 TL / 2g. (ja)
Kümmel gemahlen 1 Prise / 1g. (ja)
Zucker Ursüße (Zuckerrohr) süß 1 Prise / 1g. (empfehlenswert)
Petersilie 1/2 Bund / 30g. (ja)
Weißbrot (Weizenbrot) 4 Scheiben / 80g. (ja)

Kochanleitung:
Rindfleisch in Würfel schneiden. Kürbis schälen und würfeln. Lauch in Ringe schneiden und geschälte Kartoffeln würfeln. Die Tomaten mit kochendem Wasser überbrühen, Haut abziehen und würfeln. Fleisch in Olivenöl anbraten und mit Gemüsebrühe auffüllen. Das geputzte Gemüse dazugeben und mit Salz, Pfeffer, Paprika, Kümmel und Fruchtzucker abschmecken. 30 Min. bei schwacher Hitze schmoren .Noch einmal würzen und mit Petersilie bestreut mit Weißbrot servieren.

3.51 Rindfleischsalat

Stärkt Milz, Magen, Blut, Muskeln, Sehnen und Knochen, kühlt und befeuchtet, harntreibend, entgiftend, unterdrückt Umwandlung von Zucker in Fett, senkt Cholesterinspiegel, löst Stagnation.

Anzahl Portionen: 1
Kalorien p. Portion 249
Gramm p. Portion   197
Kochdauer ca.   10 Min.
Allergene: O
(Kohlehydrat:54% / Eiweiß & Fett:46%)
100g.≈ Eiweiß 15,71g. Fett:7,9g.
µg. - Ph:151,93 Na:219,82 Ka:142,62 Mg:14,06 Ca:28,43 Fe:1,3 Zn:1,53 Col.:18,53 Hsr.:43,25

Zutaten:
Rind Fleisch 50 g. / 50g. (ja)
Zwiebel weiss 20 g. / 20g. (ja)
Paprika 30 g. / 30g. (ja)
Gurke (Gewürzgurke) 30 g. / 30g. (ja)
Essig (Apfelessig) 2 TL / 5g. (ja)
Rapsöl 2 TL / 5g. (empfehlenswert)
Salz 1 Prise / 0,5g. (ja)
Pfeffer gemahlen 1 Prise / 0,1g. ()
Lauchzwiebel Schnittlauch 1 EL / 7g. (ja)
Brot mit Johannisbrotkernmehl 2 Scheiben / 50g. (ja)

Kochanleitung:
Das Fleisch mit dem Grundrezept einer Rinderbrühe kochen, auskühlen lassen und in ca. 1 cm große Scheiben schneiden. Zwiebeln in Ringe, Paprikaschote und Gewürzgurke in kleine Würfel schneiden und alle Zutaten mischen. Salatmarinade aus Essig, Öl und Salz herstellen und darüber verteilen, abschmecken und durchziehen lassen.

3.52 Rotwein mit Eigelb

Zur Kräftigung nach Krankheit, zur Beruhigung und als Schlafmittel, als Schmerzmittel, bei Verstimmungen, bei Herz-Kreislauf-Störungen.

Anzahl Portionen: 1
Kalorien p. Portion   243
Gramm p. Portion   225
Kochdauer ca.   5 Min.
Allergene: CO
(Kohlehydrat:2,2% / Eiweiß & Fett:97,8%)
100g.≈ Eiweiß 4,22g. Fett:7,98g.
µg. - Ph:83,33 Na:8,33 Ka:108,67 Mg:10,67 Ca:23,56 Fe:1,33 Zn:0,51 Col.:140 Hsr.:0,67

Zutaten:
Rotwein 1 Glas / 200g. (ja)
Huhn Eigelb 1 Stück / 25g. (ja)

Kochanleitung:
Rohes Eigelb in Rotwein einschlagen.

3.53 Rührei mit Rucola und Kräutern

Beruhigt Nerven und Magen, fördert Verdauung, entgiftet, stärkt Säfteproduktion, treibt Schweiß, reduziert Blutfett, regt an, löst Stagnation, regt Leberfunktion an, harmonisiert Leber und Milz, stärkt Sehkraft, entgiftet.

Anzahl Portionen: 1
Kalorien p. Portion   360
Gramm p. Portion   191
Kochdauer ca.   10 Min
Allergene: CG
(Kohlehydrat:11% / Eiweiß & Fett:89%)
100g.≈ Eiweiß 16,61g. Fett:30,38g.
µg. - Ph:156,1 Na:98,06 Ka:229,29 Mg:15,37 Ca:66,01 Fe:1,96 Zn:0,98 Col.:273,93 Hsr.:9,63

Zutaten:
Butter Bio 2 EL / 20g. (empfehlenswert)
Ingwer frisch 1 Messerspitze / 1g. (ja)
Huhn Ei 2 Stück / 120g. (ja)
Pfeffer gemahlen 1 Prise / 0,5g. ()
Koriander 1 Prise / 1g. (ja)
Petersilie 2 EL / 16g. (ja)
Oregano getrocknet 1 TL / 2g. (ja)
Bohnenkraut 1 Prise / 0,5g. (ja)

Kochanleitung:
Ein Stück Butter in einer Pfanne schmelzen lassen. Etwas kleingeschnittenen Ingwer kurz darin anbraten. 1 Ei darin aufschlagen und frisch gemahlenen Pfeffer, eine Prise Koriander, Bohnenkraut, etwas Salz, gehackte Petersilie, Rucola und Oregano (kleingeschnitten) unterrühren, bis das Ei stockt, aber noch saftig ist. Dazu passt: Hirse, Polenta, Kartoffeln, getoastetes Brot. Bekömmlicher ist das Gericht jedoch ohne Kohlehydrate.

3.54 Süßkartoffelpuffer mit Basilikum-Pesto

Stärkt das Immunsystem, baut Fett ab, verbessert die Verdauung, beruhigt Nerven und Magen, löst Steine, fördert Durchblutung, stärkt Muskeln, antioxidativ.

Anzahl Portionen: 3
Kalorien p. Portion 625
Gramm p. Portion 298,67
Kochdauer ca. 30 Min.
Allergene: ACH
(Kohlehydrat:58% / Eiweiß & Fett:42%)
100g.≈ Eiweiß 15,5g. Fett:32,67g.
µg. - Ph:14,41 Na:8,52 Ka:39,8 Mg:4,23 Ca:5,79 Fe:0,17 Zn:0,11 Col.:6,88 Hsr.:2,11

Zutaten:
Süßkartoffel 4 Stück / 500g. (ja)
Zwiebel rot 1/2 Stück / 30g. (ja)
Basilikum 1 EL / 10g. (ja)
Huhn Ei 2 Stück / 140g. (ja)
Dinkel Vollkornmehl 80 g. / 80g. (ja)
Salz 1 Prise / 0,5g. (ja)
Olivenöl 60 ml. / 20g. (empfehlenswert)
Salz 1 TL (grobes) / 3g. (ja)
Basilikum 1 Handvoll / 15g. (ja)
Petersilie 1 Handvoll / 15g. (ja)
Knoblauch 2 Zehen / 3g. (ja)
Walnüsse 60 g. / 60g. (empfehlenswert)
Olivenöl 2 EL / 20g. (empfehlenswert)

Kochanleitung:
Süßkartoffelpuffer: Die Süßkartoffel gründlich waschen und ungeschält in eine große Schüssel raspeln. Zwiebel, Basilikum, Ei und Mehl zugeben, alles gut miteinander vermengen und dann etwas Salz darüberstreuen. Die Mischung ist locker, lässt sich aber zu Puffern formen. Im vorgeheizten Ofen auf einem mit Öl bestrichenen Backblech von beiden Seiten jeweils 4 bis 5 Min. backen. Basilikum-Pesto: Salz,

kleingehackten Basilikum und Petersilie sowie den zerdrückten Knoblauch in einer kleinen Schüssel mit einem Löffel verreiben (wenn vorhanden einen Mörser verwenden). Die geriebenen Walnüsse dazugeben. Unter ständigem Rühren so viel Olivenöl zumengen, bis die gewünschte Konsistenz erreicht wird.

3.55 Tofu-Schwarzbohnen-Chili mit Reis

Harntreibend, senkt den Cholesterinspiegel, beugt Arteriosklerose vor. Zur Entwässerung des Körpers bei Übergewicht und Bluthochdruck, stärkt Immunsystem.

Anzahl Portionen: 4
Kalorien p. Portion 343
Gramm p. Portion 427,75
Kochdauer ca. 45 Min.
Allergene: AEL
(Kohlehydrat:65% / Eiweiß & Fett:35%)
100g.≈ Eiweiß 36,36g. Fett:19,24g.
µg. - Ph:8,2 Na:2,23 Ka:11,79 Mg:4,98 Ca:6,05 Fe:0,14 Zn:0,03 Col.:0,02 Hsr.:3,18

Zutaten:
Rapsöl 60 ml. / 60g. (empfehlenswert)
Zwiebel weiss 2 Stück / 120g. (ja)
Paprika 1 Stück / 20g. (ja)
Chili (Schote oder gemahlen) 1/2 EL / 3g. (ja)
Pfeffer Cayenne 1 Prise / 0,5g. (ja)
Koriander 1 TL / 2g. (ja)
Thymian 1 TL / 2g. (ja)
Nelke 1 TL / 2g. (ja)
Dinkel Vollkornmehl 2 EL / 16g. (ja)
Sherry 1 EL / 8g. (ja)
Soja Tofu 250 g. / 250g. (ja)
Schwarze Bohnen 2 Dosen (400g) / 400g. (ja)
Grundrezept für eine Hühnerbrühe wärmend 350 ml. / 300g. (ja)
Lorbeerblatt 1 Stück / 0,2g. (ja)
Knoblauch 6 Stück / 8g. (ja)
Wasser 6 Tassen / 400g. (ja)
Reis Basmatireis 1 Tasse / 120g. (ja)

Kochanleitung:
Das Öl in einem großen Topf bei mittlerer Temperatur erhitzen. Zwiebeln, Paprika und Chilipulver darin 2 Min. anbraten, bis die Zwiebeln glasig sind. Die übrigen Gewürze zufügen und unter ständigem Rühren mitrösten, bis das Aroma aufsteigt. Das Mehl darüber stäuben, 2 Min. weiter braten und darauf achten, dass die

Pasten artige Gewürzmischung nicht anbrennt. Mit Sherry ablöschen, die schwarzen Bohnen (Dose) hineingeben und mit den Gewürzen verrühren. Mit der Hühnerbrühe aufgießen, das Lorbeerblatt zufügen und den gehackten Knoblauch unterrühren. Bohnen 30 Min. köcheln lassen und bei Bedarf noch etwas Hühnerbrühe aufgießen. Während der letzten 10 Min. die Tofuwürfel mitgaren. Der Tofu kann leicht zerfallen und sollte deshalb sehr behutsam mit einem Holzlöffel untergehoben werden. Zum Schluss das Lorbeerblatt herausfischen und das Chili mit Reis servieren.

3.56 Tomaten mit Mozzarella

Fördert Verdauung, hilft Fett zu verdauen, harntreibend, senkt Blutdruck. Hilft bei Appetitlosigkeit, Blähungen, Darmentzündungen, Übelkeit, ist entkrampfend und beruhigend.
Anzahl Portionen: 1
Kalorien p. Portion 436
Gramm p. Portion 217
Kochdauer ca. 5 min
Allergene: AG
(Kohlehydrat:36,98% / Eiweiß & Fett:63,02%)
100g.≈ Eiweiß 14,85g. Fett:30,32g.
µg. - Ph:90,53 Na:176,32 Ka:158,47 Mg:12,75 Ca:109,48 Fe:0,33 Zn:0,5 Col.:10,69 Hsr.:13,46

Zutaten:
Mozzarella 1 Stück / 50g. (ja)
Tomate 2 Stück / 100g. (ja)
Salz 1 Prise / 1g. (ja)
Basilikum (frisch) 5 Blätter / 6g. (ja)
Olivenöl 2 EL / 20g. (empfehlenswert)
Weißbrot (Weizenbrot) 2 Scheiben / 40g. (ja)

Kochanleitung:
Tomaten und Mozzarella in Scheiben schneiden. Auf Teller verteilen, salzen und mit Basilikum und Olivenöl anrichten. Dazu Weißbrot servieren.

3.57 Vanillecreme mit Beeren

Stärkt die Abwehr gegen Pilzinfektionen, abführend, entgiftend, blutreinigend. Gut bei Körperschwäche, chronischer Verstopfung, Gewichtsverlust.

Anzahl Portionen: 4
Kalorien p. Portion 282
Gramm p. Portion 272
Kochdauer ca. 15 Min.
Allergene: G
(Kohlehydrat:27,7% / Eiweiß & Fett:72,3%)
100g.≈ Eiweiß 13,39g. Fett:31,23g.
µg. - Ph:23,97 Na:6,5 Ka:32,71 Mg:3,46 Ca:21,12 Fe:0,1 Zn:0,02 Col.:0,41 Hsr.:1,8

Zutaten:
Topfen (Quark) 20% 400 g. / 400g. (ja)
Joghurt (natur, 1,5 % Fett) 150 g. / 150g. (ja)
Zucker braun 2 TL / 8g. (empfehlenswert)
Acerola Fruchtnektar oder Pulver 1 TL / 2g. (ja)
Vanillezucker natur 3 paket / 3g. (ja)
Sahne, süß 30% 125 g. / 125g. (empfehlenswert)
Erdbeere 100 g. / 100g. (ja)
Himbeere 100 g. / 100g. (ja)
Brombeere 100 g. / 100g. (ja)
Heidelbeere 100 g. / 100g. (ja)

Kochanleitung:
Quark, Joghurt, Zucker, Acerola und Vanillezucker mit dem Handrührgerät oder Schneebesen glatt rühren. Sahne sehr steif schlagen, unter die Quarkcreme mischen und portionsweise mit den Beeren anrichten.

3.58 Zucchini mit Basilikum-Pesto

Gut bei Blähungen und Übelkeit, entkrampfend und beruhigend. Fördert Verdauung, stärkt Magen und Verdauungssystem, entgiftet, bakterizid, stärkt Muskeln und Knochen, harntreibend, löst Stagnation.

Anzahl Portionen: 3
Kalorien p. Portion 467
Gramm p. Portion 255
Kochdauer ca. 25 Min.
Allergene: ACGHL
(Kohlehydrat:62% / Eiweiß & Fett:38%)
100g.≈ Eiweiß 15,92g. Fett:20,94g.
µg. - Ph:11,85 Na:6,22 Ka:20,93 Mg:4,55 Ca:15,48 Fe:0,13 Zn:0,08 Col.:3,09 Hsr.:6,08

Zutaten:
Basilikum (frisch) 1 Bund / 125g. (ja)
Olivenöl 1 EL / 20g. (empfehlenswert)
Mandeln 1 EL / 15g. (empfehlenswert)
Parmesan 30 g. / 30g. (empfehlenswert)
Grundrezept für eine Gemüsebrühe nahrhaft 3 EL / 45g. (ja)
Zitrone Schale 1 TL / 3g. (ja)
Zitrone 1 TL / 3g. (ja)
Oregano getrocknet 2 TL / 15g. (ja)
Kümmel 1 Prise / 1g. (ja)
Salz 1 Prise / 1g. (ja)
Pfeffer gemahlen 1 Prise / 1g. ()
Nudeln (Weizen, Spagetti) mit Ei 200 g. / 200g. (ja)
Salz 1 Prise / 1g. (ja)
Olivenöl 1 EL / 15g. (empfehlenswert)
Zwiebel Frühlingszwiebel 2 Stück / 40g. (ja)
Zucchini 250 g. / 250g. (ja)

Kochanleitung:
Basilikum, Olivenöl, geriebene Mandeln, Parmesan, Gemüsebrühe und
geriebene Zitronenschale zu einer glatten, geschmeidigen Creme
pürieren. Pesto mit Salz, Oregano, Kümmel und Pfeffer abschmecken.
Die Spaghetti mit etwas Salz in reichlich Wasser bissfest kochen.
Olivenöl in einer Pfanne erhitzen und die Frühlingszwiebeln unter
Rühren darin weich braten. Zucchini dazugeben und kurz mitbraten. Die
Zucchini sollen weich, aber mit Biss sein. Mit Salz abschmecken. Die
gut abgetropften Spaghetti mit den Zucchini und dem Pesto in einer
Schüssel vermischen und mit Salz und Pfeffer abschmecken.
Empfehlenswert bei Schluckstörungen, Appetitlosigkeit, Kalium- und
Magnesiumbedarf.

4 Wirkung der Lebensmittel

4.1 Zutaten verwenden: empfehlenswert

Ahornsirup
Aloesaft
Astronautenkost
Avocado
Blätterteig
Brie
Butter Bio
Camembert
Cashewnüsse
Creme fraiche
Emmentaler
Ente (Frühmastente, schlachtfrisch)
Erdnuss (geröstet)
Erdnüsse
Feta
Gans
Gans (Gänseklein)
Gorgonzola
Gouda
Haselnüsse
Joghurt (natur, 3,5 % Fett)
Kastanien (Maronen)
Kuhmilch (Vollmilch 3,5 % Fett)
Kürbiskerne
Kürbiskernöl
Lachs
Leinöl
Maiskeimöl
Makrele
Mandeln
Mandeln Marzipan
Margarine
Margarine (Diät)
Mohn
Oliven

Oliven grün
Olivenöl
Palmöl
Paranuss
Parmesan
Pinienkerne
Pistazien
Rapsöl
Sahne sauer 30%
Sahne, süß 30%
Sardellen/Sardine
Sesam Paste (Tahini)
Sesam, Schwarzer
Sesam, Weißer
Sesamöl
Sesamöl geröstet
Sojaöl
Sonnenblumenkerne
Sonnenblumenöl
Thunfisch
Topfen (Quark) 40%
Walnüsse
Walnüsse geröstet
Walnussöl
Weizenkeimöl
Zucker (Staubzucker)
Zucker (weiß, aus Rüben)
Zucker braun
Zucker Fructose Fruchtzucker
Zucker Glukose Traubenzucker
Zucker Kandis weiß
Zucker Melasse
Zucker Milchzucker
Zucker Palmzucker
Zucker Ursüße (Zuckerrohr) süß

4.2 Zutaten verwenden: ja

Aal
Aal geräuchert
Acerola Fruchtnektar oder Pulver
Adzukibohnen
Agar-Agar, Agartang
Agavendicksaft
Amaranth
Amaranth POPS

Ananas
Ananas (aus der Dose)
Ananassaft ungezuckert
Andornkraut
Angelikawurzel
Anis (gemeiner Fenchel)
Apfel (sauer)
Apfel (süß)

Apfelmus
Apfelsaft (Naturtrüb)
Aprikose
Aprikose getrocknet
Aprikosen Marmelade
Aprikosennektar
Artischocke
Aubergine
Austern
Austernpilze
Austernschalenpulver
Backpulver
Baldrian
Bambussprossen
Banane
Banane Kochbanane
Banchatee
Bärentraubenblätter
Bärlauch (Knoblauchspinat)
Barsch
Basilikum
Basilikum (frisch)
Bataviasalat
Beeren der Saison
Beerensaft
Benediktinerdistel
Berberitzenrindetee
Bier (alkoholarm)
Bier (alkoholfrei)
Bier (Altbier)
Bier (Pils)
Birne
Birnensaft
Bitter Lemon
Bitterklee
Bitterlikör
Bitterorangenschale
Blattsalate (bitter)
Blumenkohl (Karfiol)
Blütenpollen
Bocksdornfrüchte (Fructus Lycii)
getrocknet
Bockshornklee
Bohnen (grün, frisch)
Bohnenkraut
Bohnenöl
Borretsch
Borretschöl
Boxhornkleesamen
Bratöl
Brennnessel
Brokkoli
Brombeerblätter
Brombeere

Brombeere getrocknet (unreife)
Brombeermarmelade
Brösel (Weizenbrot, Semmel)
Brot mit Johannisbrotkernmehl
Brötchen (Semmel)
Buchweizen
Buchweizen (geröstet) Kasha
Buchweizen Vollkorn
Bulgur (Getreide)
Buschbohnen
Butter (halbfett)
Butterbohnen weiße
Buttermilch
Butterschmalz
Calamari
Campari
Champignon
Channa-Dal
Chenpi (chinesische
Mandarinenschale)
Chicorée
Chili (Schote oder gemahlen)
Chinakohl
Chlorella (Süßwasser)
Chrysanthemenblütentee
Clementinen
Colagetränk
Couscous
Cranberries
Cumin (Kreuzkümmel)
Curry
Currypaste rot
Dashi
Datteln getrocknet
Datteln rot
Dill
Dinkel
Dinkel Brot
Dinkel Flocken
Dinkel Gries
Dinkel Vollkornmehl
Distelöl
Dornhai (Seeaal, Schillerlocken)
Dorsch
Dulse (Lappentang)
Edamer
Eibennuss
Eibisch (Hibiscus)
Eisbergsalat
Endiviensalat
Ente (Herz)
Entenei
Enzianwurzel
Erbse, grün

Erbsen
Erdbeere
Erdbeermarmelade
Erdbeersaftgetränk
Erdnussbutter
Erdnussöl
Essig (Apfelessig)
Essig (Rotweinessig)
Essig Aceto Balsamico
Essig Aceto Balsamico weiss
Essiggurke
Estragon
Färberdiestel (Hong Hua)
Färberginsterkraut
Fasan
Feige
Feige getrocknet
Feldsalat
Fenchel
Fenchelsamen gemahlen
Fencheltee
Fernet Branca (Kräuterbitterlikör)
Fisch Innereien
Fischreste
Fischsouce
Fischstücke gemischt (Süßwasser)
Flaschenkürbis
Flohsamen
Flunder
Forelle
Forelle (geräuchert)
Frischkäse
Frischkäse aus Soja
Frischkäse mit Kräuter
Früchtetee
Fruchtzucker (Fruktose, Traubenzucker)
Gagelpflaume
Galgant
Gans (Gänseschmalz)
Gänseblümchen
Gänseblut
Gänseei
Garam Masala Pulver
Garnele
Gelatine weiss
Gelee Royal
Gemüsesaft
Gerste
Gerste (Nacktgerste)
Gerste (Perlgerste)
Gerstengras Pulver
Gerstengraupen
Gerstengrütze

Gerstenmalz
Gerstenmehl
Getreidekaffee
Gewürznelke
Ginkgofrucht
Ginsenglikör
Ginsengwurzel
Glühweingewürzmischung
Granatapfel
Grapefruit getrocknete Schale
Grapefruit/Pampelmuse/Pomelo
Grapefruitsaft
Graskarpfen
Grüner Tee
Grünkern
Guave
Gurke
Gurke (bitter)
Gurke (Gewürzgurke)
Hafer
Hafer Flocken (Vollkorn)
Hafer Flocken geröstet
Hafer Mehl
Hafer Milch
Hafer Schmelzlocken (Babynahrung)
Hafer Schrot
Hagebutte
Hagebuttentee
Haifisch
Hammel
Hase
Hase, wild
Hefe
Heidelbeere
Heidelbeere getrocknet
Heidelbeermarmelade
Heidelbeersaft
Heilbutt
Hering
Hibiskustee
Hijiki
Himbeerblättertee
Himbeere
Himbeere getrocknet (unreife)
Himbeermarmelade
Hiobsträne (Samen) YiYi Ren
Hirsch Fleisch
Hirsch Knochen
Hirsch Nieren
Hirse
Hirseflocken
Hokkaidokürbis
Holunderbeeren
Holunderblütentee

Honig
Honigmelone
Honigwein (Met)
Hopfen
Huhn Blut
Huhn Ei
Huhn Eigelb
Huhn Eiweiß
Huhn Fleisch
Huhn Herz
Huhn Leber
Huhn Magen
Hummer
Hüttenkäse
Ingwer frisch
Ingwer Pulver
Ingweröl
Jakobstränen
Jasminblütentee
Joghurt (natur, 1,5 % Fett)
Johannisbeere (rot)
Johannisbeere (schwarz)
Johannisbeere (weiß)
Johannisbeermarmelade (rot)
Johannisbeermarmelade (schwarz)
Johannisbeernektar (schwarz)
Johannisbrotkernmehl
Kabeljau
Kaffee
Kaffeeweißer
Kakao
Kaki-Pflaume
Kaktusfeige
Kalmus
Kamille
Kaninchen Fleisch
Kaninchen Leber
Kapern (eingelegt)
Kapuzinerkresse
Karambole/Sternfrucht
Karausche
Kardamom
Karotte (Frühkarotte)
Karotte (Mohrrübe, Möhre)
Karottensaft ohne Zucker
Karpfen
Kartoffel
Kartoffel (mehlige)
Kartoffelmehl
Käsepappeltee
Kaviar
Kefir
Kerbel
Kerbel getrocknet

Kichererbsen
Kirsche
Kirsche (sauer)
Kirschenkompott
Kirschsaft
Kiwi
Klementine
Klettenwurzeltee
Knäckebrot
Knoblauch
Kohlrabi
Kohlrübe
Kokosfett
Kokosflocken
Kokosmilch
Kokosnussfleisch
Kokosraspeln
Kombualge
Kompott (Früchte der Saison)
Kopfsalat
Koriander
Koriandergrün
Korinthen (rot)
Korinthen (schwarz)
Krabbe
Krake
Kräuter bittere
Kräuter der Provence
Kräuter verschiedene
Kräuter Wildkräuter
Kräuterteemischung
Kresse
Kuhmilch (1,5 % Fett)
Kukichatee
Kümmel
Kümmel gemahlen
Kumquat
Kürbis
Kurkuma (Gelbwurz)
Kuzu
Lamm Fleisch
Lamm Knochen
Lamm Leber
Lamm Nieren
Lamm Schulter
Languste
Lauch (Porree)
Lauchzwiebel Schnittlauch
Laugengebäck
Lavendelblüten
Leberglättertee
Leinsamen
Leinsamen (geschrotet)
Liebstöckel

Liebstöckelsamen
Limabohnen
Lindenblütentee
Linsen (Helmbohnen)
Linsen gelb
Linsen rot
Linsen schwarz
Löffelbiskuit
Longane
Loquate/Japanische Mispel
Lorbeerblatt
Lotossamen
Lotoswurzeln
Löwenzahn (junger)
Löwenzahnsaft
Löwenzahnwurzeltee
Luohan-Frucht
Lychee
Lychee (Konserve)
Lycheelikör
Magermilchpulver
Mais
Mais (geröstet)
Mais (Schnellpolenta)
Mais Gries (Polenta)
Mais Mehl (Maizena)
Maishaartee
Maisstärke
Majoran
Makannastern Samen
Malventee
Malz
Malzbier
Mandarine
Mandelmilch
Mandelmus
Mango
Mangold
Mangopulver
Mangosaft
Maniokmehl
Marillen
Marillensaft
Martini
Maulbeerfrucht
Mayonnaise 50%
Mayonnaise 80%
Meeräsche
Meereskrebs
Mehrkornbrot (Graubrot)
Melisse
Miesmuscheln
Mineralwasser
Mirabelle

Miso
Miso schwarz (fermentiert)
Mispel
Mittelmeerfisch (Kabeljau, Scholle,
Schellfisch, Seeaal, Makrele)
Mixed Pickels
Molke
Moosbeere
Morchel (schwarz, getrocknet)
Mozzarella
Mu-Erh-Pilz
Mungbohne
Mungbohnensprossen
Muskatnuss
Müsli
Nachtkerzenöl
Nektarine
Nelke
Nierenbohnen (rote)
Nori, Purpurtang, Rotalge
Nudeln (Vollkorn) mit Ei
Nudeln (Weizen) mit Ei
Nudeln (Weizen, Bandnudeln) mit Ei
Nudeln (Weizen, Lasagneblätter) mit Ei
Nudeln (Weizen, Spagetti) mit Ei
Obstmischung Fruchtsaft
Odermennig
Okra
Orange
Orange abgeriebene Schale
Orange getrocknete Schale
Orange Schale
Orangenblüten
Orangenmarmelade
Orangensaft
Oregano frisch
Oregano getrocknet
Papaya
Paprika
Paprika (Rosenpaprikapulver)
Paprika (süß)
Passionsblumenblütentee
Passionsfrucht (Maracuja)
Pastinake
Peperoni
Peperoni, gelb, entkernt, halbiert
Peperoni, rot, entkernt, halbiert
Petersilie
Petersilienwurzel
Pfeffer Cayenne
Pfeffer Körner
Pfeffer weiss (gemahlen)
Pfefferminze
Pfefferminztee

Pfeilwurzelmehl
Pferd Fleisch
Pfifferlinge/Eierschwammerl
Pfirsich
Pfirsich (Dose)
Pflaume
Pflaume getrocknet
Piment
Pintobohnen gesprenkelt
Preiselbeere
Preiselbeermarmelade
Preiselbeersaft
Prosecco
Puddingpulver Vanille
Pumpernickel
Pute Brustfleisch
Pute Schinken
Qualle
Quargel 20%
Quinoa
Quitte
Radicchio
Radieschen
Reh Fleisch
Reineclaude
Reis Basmatireis
Reis Duftreis
Reis Gaoliangreis (Sorghum)
Reis Klebreis
Reis Langkornreis
Reis Reisschleim
Reis Roter
Reis Rundkornreis
Reis Schwarzer
Reis Sorte beliebig
Reis Süßer
Reis Vollkorn
Reis Wilder (Naturreis)
Reishi
Reismalz
Reismehl
Reisnudeln
Reisstärke
Rettich (weiß, grün, lila-rot)
Rettich Meerrettich (Kren)
Rettich schwarz
Rettichblätter (vom Wochenmarkt)
Rhabarber
Rind (Kalb)
Rind Filet
Rind Fleisch
Rind Fleischknochen
Rind Herz
Rind Herz (Kalb)

Rind Knochenmark
Rind Leber
Rind Lunge (Kalb)
Rind Magen
Rind Niere
Rind Ochsenschwanzstücke
Rind Suppenfleisch
Roggen
Roggen Vollkornbrot
Roggenmehl
Römersalat/Lattich-Salat
Rosenblättertee
Rosenblütentee
Rosenkohl
Rosinen
Rosmarin
Rotbarsch
Rote Grütze (ohne Zucker)
Rote Rübe
Rotkohl
Rotwein
Rum
Safran
Sago (Getreide)
Sahne 10% Kaffeesahne
Sahne sauer 10%
Sahne sauer 20%
Sake
Salbei
Salz
Salz Kräutersalz
Sanddorn
Saubohnen (Dicke Bohnen)
Sauerampfer
Sauerkirsche
Sauerkraut
Sauermilch
Sauerrahm 15% Fett
Sauerteig
Schaffleisch
Schafgarbe
Schafgarbentee
Schafmilch Joghurt
Schafskäse
Schafsmilch
Schimmelkäse
Schlehdorn
Schmelzkäse 12%
Schmelzkäse 30%
Schnaps
Schnecke
Schokolade
Schokolade (Diabetiker)
Scholle

Schwarzaugenbohnen
Schwarze Bohnen
Schwarzer Fungu Pilz
Schwarzkümmel
Schwarztee
Schwarzwurzel
Schwedenkraut (Schwedenbitter)
Schwein Blut
Schwein Bratwurst
Schwein Darm
Schwein Fett
Schwein Fleisch
Schwein Haut
Schwein Haxe (Eisbein)
Schwein Herz
Schwein Hirn
Schwein Leber
Schwein Lunge
Schwein Magen
Schwein Markknochen
(Röhrenknochen)
Schwein Mettwurst
Schwein Nieren
Schwein Schinken
Schwein Schinken gekocht
Schwein Schinken geselcht
Schwein Schinkenspeck
Schwein Schmalz
Seegurke
Sellerie Knolle
Sellerie Stangensellerie
Senf
Senf Dijon
Senf mittelscharf
Senf süß
Senfsamen
Sherry
Shiitake, getrocknet
Shrimps
Silbermorchel, getrocknet
Soja Cuisine (Soja-Sahne)
Soja Tofu
Soja Tofu geräuchert
Sojabohne
Sojabohnen, Gelbe
Sojabohnen, Schwarze
Sojabohnen, Schwarze, fermentiert
Sojabohnenmilch
Sojacreme
Sojamehl
Soja-Nudeln
Sojapaste (Miso)
Sojasauce
Spargel (grün oder weiß)

Speiserüben
Spinat
Spitzwegerichtee
Stachelbeere
Stangenbohnen (Fisolen)
Steinpilz/Herrenpilz
Sternanis
Stutenmilch
Süßholzwurzeltee
Süßkartoffel
Süßwasserfisch
Süßwasserkrebs
Tabasco
Taube
Taube Ei
Teemischung Harnsäuresenkend
Thymian
Thymian getrocknet
Tintenfisch
Toastbrot (Vollkorn)
Tomate
Tomate getrocknet
Tomatenmark
Tomatenpüre
Tomatensaft
Tonicwasser
Topfen (Quark) 20%
Trauben rot
Trauben weiß
Traubenkernöl
Traubensaft rot
Traubensaft weiß
Trüffel
Tsampa (geröstetes Gerstenmehl)
Umeboshipaste
Umeboshipflaumen (Japanaprikosen)
Vanille
Vanillepulver
Vanilleschote
Vanillezucker natur
Vogelmiere
Vogerlsalat (Pflücksalat)
Vollkornbrot
Vollkornbrot mit ganzen Körner
Vollkornmehl
Wacholderbeere
Wachskürbis
Wachtel
Wachtel Ei
Wakame
Walderdbeeren
Wasser
Wasser heiss
Wassermelone

Weißbrot (Weizenbrot)
Weißbrot Baguette
Weißbrot Brösel (Weizenbrot)
Weißbrot Knödelbrot (Weizenbrot)
Weißbrot Salzstangerl
Weißbrot Semmel
Weißdorn
Weiße Bohnen
Weißfischchen
Weißkohl/Weißkraut
Weißwein
Weißwurz
Weizen
Weizen Bier
Weizen Bulgurweizen
Weizen Fladenbrot
Weizen Flocken
Weizen Gras Pulver
Weizen Gries
Weizen Gries - Kindergries
Weizen Mehl
Weizen Mehl Vollkorn
Weizen/Roggen Grau- Schwarzbrot mit Hefe
Weizengrassaft
Weizenkleie
Wermut
Wermutkraut
Wildkräuter

Wildschwein Fleisch
Wirsing/Grünkohl
Yamswurzel, Yamswurzelknolle
Yogitee
Ysop
Ziege
Ziegen- und Schafsblut
Ziegen- und Schafshirn
Ziegen- und Schafsleber
Ziegen- und Schafsmagen
Ziegen- und Schafsmilch
Ziegenkäse
Zimtpulver
Zimtstange
Zitrone
Zitrone Saft
Zitrone Schale
Zitrone, Limette
Zitronengras
Zitronenmelisse (frisch)
Zitronenmelisse (getrocknet)
Zucchini
Zwetschken
Zwieback
Zwiebel Frühlingszwiebel
Zwiebel rot
Zwiebel Schalotte
Zwiebel weiss

4.3 Kontraindikativ wirkende Lebensmittel nicht verwenden

Colagetränk (kalorienarm)
Stevia (Süßkraut)

Zuckerersatz (Süßstoff)

5   Komplementär

5.1   Heil-Tee (Aufguss)

5.1.1 Frauenmantel

Aufgrund seines hohen Gerbstoffgehaltes und seiner adstringierenden Wirkung besitzt der Frauenmantel entzündungshemmende und wundheilende Eigenschaften.
2 Teelöffel getrockneter Tee mit 150 ml siedendem Wasser übergießen. 10 Minuten ziehen lassen und abseihen.
Für einen Tee verwendet man ca. 2 Teelöffel getrocknetes Frauenmantelkraut und übergießt es mit 150 ml siedendem Wasser. Den Aufguss lässt man 10 Minuten ziehen und seiht ihn dann ab. Den Tee immer frisch zubereiten und trinken. Bei Beschwerden kann der Tee drei- bis fünfmal am Tag getrunken werden. Bei Durchfallerkrankungen sollte auf Zucker im Tee verzichtet werden, da dieser den Durchfall verstärken kann. Frauenmantelkraut ist in der Regel gut verträglich und kann daher über einen längeren Zeitraum verwendet werden.
Eine japanische Studie ergab, dass die Gerbstoffe (Ellagitannine) sogar tumorhemmend wirken können, regelmäßig angewendet kann der Frauenmantel somit gegen weibliche Krebserkrankungen vorbeugen.

5.1.2 Kamille

Krampflösend und entzündungshemmend bei Verdauungsstörungen, beruhigt die Nerven und fördert guten Schlaf. Äußerlich angewendet heilt er Wunden sowohl im Mund-Rachen-Raum als auch der Haut. Stärkt Sehkraft.
2 Teelöffel des Tees mit 250 ml kochendem Wasser übergießen und 10 Minuten ziehen lassen. Danach absieben. Nach Bedarf 2 bis 3 Tassen pro Tag trinken.
Wirkstoffe: Äth. Öl: Chamazulen, Bisabolol, Flavonoide, Cumarine
Vor Dauergebrauch wird gewarnt, ansonsten unbedenklich.

5.1.3 Ringelblumenblüten

Krampflösende Wirkung. Gut bei Hauterkrankungen, Verdauungsstörungen, Schwäche, Hypotonie, Magengeschwüre, Gastritis, Blutungen im Verdauungstrakt. Menstruationsbeschwerden,

Infektionskrankheiten.

Wirkstoffe: Äth. Öle, Calendula-Sapogenin, Saponine, Glykoside, Caratonoide, Xanthophylle, Bitterstoffe, Schleime, Flavonoide, Fermente, org. Säuren.

Die berühmte Ringelblumensalbe heilt Hautausschläge, Wunden, Entzündungen und Krampfadern. Ringelblumentee löst Krämpfe bei Bauchschmerzen und Menstruationsproblemen und er fördert die Gallensekretion.

5.1.4 Rooibos

Antioxidativ, entzündungshemmend, krebshemmend, schützt durch enthaltene Flavonoide, positive Wirkung auch auf Alzheimer, Arteriosklerose. Antiallergisch, hemmt die Histaminausschüttung. Antibakteriell, antiviral, antifungal, entgiftend (basisch).

3-4 Teelöffel Rooibos mit einem Liter kochendem Wasser überbrühen und 6-10 Min. ziehen lassen. Bei weichem Wasser benötigen Sie weniger Tee für die Zubereitung, bei härterem Wasser empfehlen wir eine höhere Dosierung.

5.2 Komplementäre Anwendung

5.2.1 Apitherapie

Die Heilwirkung von Honig, Propolis, Blütenpollen, Gelee Royale und Bienengift: Propolis hat starke antibakteriellen, pilzhemmende und antiallergischen Eigenschaften und unterstützt dadurch jeden Heilungsprozess.

Das Heilen mit Bienenprodukten ist eine der ältesten Therapieverfahren. Die Heilwirkung von Honig, Propolis, Blütenpollen, Gelee Royale und Bienengift sind lange bekannt. Propolis hat starke antibakteriellen, pilzhemmende und antiallergischen Eigenschaften und unterstützt dadurch jeden Heilungsprozess. Blütenpollen ist aufgrund seines Reichtums an essenziellen Aminosäuren, sekundären Pflanzenstoffen (u. a. Flavonoide), organisch gebundenen Mineralstoffen und Vitaminen ein wichtiges Mittel zur Stärkung der Abwehrkräfte. Das Wachstum von Krebszellen (Neuroblastom) könnte gehemmt werden. Der Wirkstoff Artepillin C soll die Bildung neuer Blutgefäße im Tumor hemmen, was zum Aushungern und damit zur Schrumpfung führen kann. Heute weiß man, dass die Entstehung bestimmter Krebsarten im Zusammenhang mit Viren steht. In dem Propolis seine antivirale Wirkung entfaltet, kann eine krebsvorbeugende und krebshemmende Wirkung entstehen.

5.3 Öl für Massage

5.3.1 Arnika

Arnika Massageöl fördert die Durchblutung, lockert die Muskulatur. Innerlich eingenommen: gut gegen zerebrale Durchblutungsstörungen, Venen und Arterienerkrankung, Traumata, Hämatome, Angina Pectoris, Arteriosklerose, Kreislaufschwäche, Bronchitis.
Massageöl aus 10g Arnikablüten und 50g Aloe-Vera Öl ansetzen und 3 Wochen zeihen lassen (ev. in die Sonne stellen und gelegentlich schütteln).
Arnikablüten kommt zum Einsatz bei: Gewebs- und Organschädigungen (z.b. nach mechanischen Einwirkungen und bei Störungen der Blutversorgung); Verletzungen wie Zerrungen, Quetschungen, Blutergüsse. Nach dem Waschen, Baden, Duschen oder Schwimmen sparsam in die noch feuchte Haut einmassieren. Während der Schwangerschaft regelmäßig verwenden, um Schwangerschaftsstreifen zu vermeiden.
Vor innerer Anwendung von Arnika ist abzuraten. Sie kann zu Übelkeit, Erbrechen und Herzbeschwerden führen.

5.4 Verschiedene Möglichkeiten

5.4.1 Aloe Vera (Echte Aloe)

Äußerlich: beruhiget die Haut. Als Dekokt: Beruhigt die Leber, mindert Fieber; wirkt mild abführend, leitet die radikale Darmentleerung ein; stärkt Magenfunktion; reguliert Menstruation; keimtötend und kühlend
Zur Magenstärkung 0,1 - 0,2 g. Als mildes Abführmittel 0,3 - 0,6 g. Zur radikalen Darmentleerung 0,8 - 1,0 g.
Aufguss mit 250 ml. Kochendem Wasser
Zur äußerlichen Anwendung reiben Sie ein wenig frisch gepressten Saft unverdünnt direkt auf das betroffene Hautareal.
Nicht anwenden bei: Kindern, die zu Leere-Kälte-Symptomen neigen (sehr blass, zart, anfällig für Erkältungskrankheiten); Darmverschluss, Schwangerschaft und Stillzeit; Erwachsene sollten die oben angegebene Dosierung nicht überschreiten.

Zur Magenstärkung 0,1-0,2g. Als mildes Abführmittel 0,3-0,6g. Zur radikalen Darmentleerung 0,8-1,0g. Äußerlich frisch gepressten Saft unverdünnt einreiben.
Nicht anwenden bei: Kindern, Darmverschluss, Schwangerschaft und Stillzeit. Dosierung nicht überschreiten.

5.4.2 Komplementäre Vitaminpräparate

Zusätzlich zugeführte Vitamine können Ihr Wohlbefinden steigern und ermöglichen meistens einen rascheren Heilungsprozess. Bei Magen-Darmerkrankungen oder anderwärtig erhöhtem Bedarf können ergänzend Nahrungergänzungsmittel helfen.
Bitte mit dem behandelnden Arzt oder Therapeuten anhand eines Blutbildes absprechen.
Es gibt fettlösliche und wasserlösliche Vitamine. Fettlösliche werden in Depots des Körpers gespeichert und müssen nicht täglich eingenommen werden. Der Körper benötigt den Großteil der wasserlöslichen Vitamine zur Bildung von Co-Enzymen. Wen Ernährungsstörungen vorliegen sollten diese Vitamine regelmäßig zugeführt werden.

5.4.3 Reishi

Regeneriert die Leber, wirkt entgiftend und entzündungshemmend. Gut gegen chronischer Hepatitis, Schwellungen, Rötungen und Juckreiz. Reguliert das Immunsystem, weckt und unterstützt die Selbstheilungskräfte. Verbessert die Sauerstoffsättigung des Blutes.
Als Zugabe zu Tee, Kakao oder Kaffee. Als Kapseln, Extrakt, Pulver oder ganzer Pilz.
Reishi ist reich an Mineralstoffen und Spurenelementen Magnesium, Kalium, Calcium, Eisen, Zink, Kupfer, Mangan und organisch gebundenes Germanium, welches in der Tumortherapie und für die Interferonproduktion eine große Rolle spielt. Wertvollen Polysaccharide, Glykoproteine, Proteoglykane, Triterpene, Sterole, Alkaloide und eine Vielzahl weiterer hochaktiver Wirksubstanzen.

6 Grundlagen der Ernährung

Die hier beschriebenen Grundlagen der Ernährung zeigen allgemeine Empfehlungen und beziehen sich nicht auf eine spezielle Therapieform. Die Empfehlungen der Therapie haben Vorrang.

6.1 Ernährung

Die regelmäßige Einnahme von Mahlzeiten in entspannter Atmosphäre. Ein wärmendes Frühstück gilt als guter Start in den Tag. Mittags sollte die Hauptmahlzeit stattfinden - das Abendessen am frühen Abend.

Die Beachtung von Hunger- und Sättigungsgefühlen: Nicht überessen und nicht hungern, so lautet die Regel.

Die frische Zubereitung der Speisen aus naturbelassenen, regionalen Produkten. Tiefgekühlte, hitzekonservierte, industriell vorgefertigte oder mikrowellengegarte Lebensmittel werden gemieden.

Die Auswahl von Lebensmittel nach der Jahreszeit: Im Sommer mehr kühlende Nahrung, im Winter mehr wärmende Nahrung.

Mindestens zweimal am Tag Gekochtes essen. Speisen und Getränke sollen möglichst handwarm, niemals eiskalt oder heiß sein.

Rohkost, kurz gegartes Gemüse, frisch gepresste Säfte und Mineralwasser werden üblicherweise nicht empfohlen. Milch und Milchprodukte stehen nur dann auf dem Speiseplan, wenn sie problemlos vertragen werden.

Therapeutische Rezepte nicht über einen längeren Zeitraum ohne Rücksprache mit dem Arzt oder Therapeuten einnehmen.

1. Vielseitig essen

Lebensmittelvielfalt genießen. Merkmale einer ausgewogenen Ernährung sind abwechslungsreiche Auswahl, geeignete Kombination und angemessene Menge nährstoffreicher und energiearmer Lebensmittel. (Einerseits Schutz vor Unterversorgung mit essentiellen Nährstoffen und andererseits Schutz vor einer überhöhten Zufuhr unerwünschter Inhaltsstoffe.)

2. Reichlich Getreideprodukte - und Kartoffeln

Brot, Nudeln, Reis, Getreideflocken (am besten aus Vollkorn), sowie

Kartoffeln enthalten kaum Fett, aber reichlich Vitamine, Mineralstoffe, Spurenelemente sowie Ballaststoffe und sekundäre Pflanzenstoffe. Diese Lebensmittel sollten mit möglichst fettarmen Zutaten verzehrt werden.

3. Gemüse und Obst - Nimm "5" am Tag ...

5 Portionen Gemüse und Obst am Tag, möglichst frisch, nur kurz gegart, oder auch eine Portion als Saft – idealerweise zu jeder Hauptmahlzeit und auch als Zwischenmahlzeit: Damit werden reichlich Vitamine, Mineralstoffe sowie Ballaststoffe und sekundären Pflanzenstoffe (z.B. Carotinoiden, Flavonoiden) zugeführt. Das Beste, was man für die eigene Gesundheit tun kann.

4. Täglich Milch und Milchprodukte, ein- bis zweimal in der Woche

Fisch; Fleisch, Wurstwaren sowie Eier in Maßen. Diese Lebensmittel enthalten wertvolle Nährstoffe, wie z.B. Calcium in Milch, Jod, Selen und Omega-3-Fettsäuren in Seefisch. Fleisch ist wegen des hohen Beitrags an verfügbarem Eisen und an den Vitaminen B1, B6 und B12 vorteilhaft. Mengen von 300 - 600 g Fleisch und Wurst pro Woche reichen hierfür aus. Fettarme Produkte bevorzugen, vor allem bei Fleischerzeugnissen und Milchprodukten.

5. Wenig Fett und fettreiche Lebensmittel

Fett liefert lebensnotwendige (essenzielle) Fettsäuren und fetthaltige Lebensmittel enthalten auch fettlösliche Vitamine. Fett ist besonders energiereich, daher kann zu viel Nahrungsfett Übergewicht fördern, möglicherweise auch Krebs. Zu viele gesättigte Fettsäuren fördern langfristig die Entstehung von Herz-Kreislauf-Krankheiten. Pflanzliche Öle und Fette bevorzugen (z.B. Raps-, Oliven- und Sojaöl und daraus hergestellte Streichfette). Auf unsichtbares Fett achten, das in Fleischerzeugnissen, Milchprodukten, Gebäck und Süßwaren sowie in Fast-Food- und Fertigprodukten meist enthalten ist. Insgesamt 70 - 90 Gramm Fett pro Tag reichen aus.

6. Zucker und Salz in Maßen

Nur gelegentlich Zucker und Lebensmittel, bzw. Getränke verzehren, die mit verschiedenen Zuckerarten (z.B. Glucose Sirup) hergestellt wurden. Kreativ mit Kräutern und Gewürzen und wenig Salz würzen. Jodiertes Speisesalz bevorzugen.

7. Reichlich Flüssigkeit

Wasser ist absolut lebensnotwendig. Jeden Tag rund 1-2 Liter Flüssigkeit trinken. Wasser (ohne oder mit Kohlensäure) und andere kalorienarme Getränke bevorzugen. Alkoholische Getränke sollten nicht konsumiert werden.

8. Schmackhaft und schonend zubereiten

Die jeweiligen Speisen bei möglichst niedrigen Temperaturen garen, soweit es geht kurz, mit wenig Wasser und wenig Fett - das erhält den natürlichen Geschmack, schont die Nährstoffe und verhindert die Bildung schädlicher Verbindungen.

9. Sich Zeit nehmen und das Essen genießen

Bewusstes Essen hilft, richtig zu essen. Auch das Auge isst mit. Sich beim Essen Zeit lassen. Das macht Spaß, regt an, vielseitig zuzugreifen und fördert das Sättigungsempfinden.

10. Auf das Gewicht achten und in Bewegung

Ausgewogene Ernährung, viel körperliche Bewegung und Sport (30 bis 60 Minuten pro Tag) gehören zusammen. Mit dem richtigen Körpergewicht fühlt man sich wohl und fördert die Gesundheit.

Thermik, Wirkrichtung, Verdauungskraft

Es gibt unterschiedliche Kriterien, die Wirksamkeit von Kräutern und Lebensmittel zu beurteilen. Der Einsatz der Kräuter und Zutaten basiert auf Beobachtung, was die Lebensmittel, Kräuter und Gewürze nach ihrem Verzehr im Körper bewirken. In der Medizin hat sich daraus folgendes System entwickelt: Jede Zutat oder Kraut hat eine Wirkrichtung. Außerdem gibt es noch Kräuter, die eine besondere Wirkung auf bestimmte Organe haben.

Voraussetzung für einen gesunden Stoffwechsel ist es, darauf zu achten, dass wir ausreichend Energie aus der Nahrung gewinnen und der Verdauungsprozess so wenig Energie wie möglich verbraucht. Eine bekömmliche Mahlzeit macht zufrieden und satt, verursacht keine Blähungen und keine Müdigkeit nach dem Essen. Richtiges Würzen erhöht die Bekömmlichkeit unserer Speisen. Es genügen oft schon geringe Mengen an Kräutern und Gewürzen. Sie dienen nicht dazu, uns satt zu machen, sondern helfen unseren Verdauungsorganen, die Nahrung zu verdauen.

6.2   Rezepte

Die Rezepte zeigen Ihnen welche Zutaten verwendet werden sowie mit der Kochanleitung wie diese zubereitet werden. Bei den Zutaten wird neben den Mengenangaben auch die Wichtigkeit für die Therapie angezeigt. Wenn dabei angezeigt wird "weniger als angegeben" versuchen Sie diese Empfehlung einzuhalten oder eine Alternative aus der Liste der "Empfohlenen Lebensmittel" zu finden. Meistens ist es nur eine leichte geschmackliche Änderung, wenn Sie diese Zutat gänzlich weglassen.

Schonende Kochmethoden: Kochen, dämpfen, pochieren, dünsten
Scharfe Kochmethoden: Grillen, rösten, anbraten, räuchern
Ausgeglichene Kochmethoden: Frittieren, Römertopf

Auf das Einfrieren und Erwärmen in der Mikrowelle sollte verzichtet
werden (Denaturierung).

6.3 Lebensmittel

Lebensmittel wirken wie Heilkräuter auf Körper und Geist, nur wesentlich
sanfter. Die Ernährungsberatung stützt sich hauptsächlich auf heimische
Lebensmittel. Das Wissen über die Wirkungsweisen jedes einzelnen
Lebensmittels und das Wissen, wann welche Lebensmittel zur
Anwendung kommen, entstammt der Schulmedizin. Verwende Sie
möglichst Erzeugnisse aus ökologischen-biologischem Landbau.

Da wegen der besseren Verdaulichkeit grundsätzlich alles lange gekocht
und kaum roh gegessen wird, ist die Verträglichkeit hervorragend.

Die Einteilung der Lebensmittel entsprechend ihrer Wirkung auf den
Körper und bildet die Basis, um einen ausgewogenen und harmonischen
Gesundheitszustand im Körper zu erreichen.

Grundsätzlich empfiehlt die Ernährungsberatung keine bestimmten
Lebensmittel für Jedermann. Ausschlaggebend für den individuellen
Speiseplan ist vor allem die persönliche Konstitution.

Kaufen Sie nur frisches und reifes Obst und Gemüse ein. Braune Stellen,
welke Blätter aber auch unreifes Obst und Gemüse sollten Sie im
Supermarkt zurücklassen. Greifen Sie dann zu Tiefkühlware (keine
Fertiggerichte!). Tiefkühlobst und -gemüse werden kurz nach dem Ernten
schockgefroren und enthalten deshalb oftmals mehr Vitamine und
Mineralstoffe als die Ware aus der Obst- und Gemüsetheke! Konserven-
und Dosenware dagegen enthält wesentlich weniger Biostoffe. Zudem
werden Letztere meist mit Salz, Zucker usw. angereichert. Lassen Sie die
Zutaten nach dem Waschen nie im Wasser liegen, denn so gehen viele
Vitalstoffe ins Wasser über! Putzen Sie Salate, Früchte und Gemüse erst
unmittelbar vor Verzehr.

Beachten Sie bitte die hygienische Verarbeitung der Lebensmittel.
Waschen Sie Ihre Salate, Früchte und Gemüse gründlich. Bei Gerichten
mit Fleisch bereiten Sie zuerst die Zutaten vor und verarbeiten dann die

Fleischprodukte. Reinigen Sie danach die Arbeitsflächen und Werkzeuge besonders gründlich. Holzunterlagen sollten regelmäßig mit leichtem Desinfektionsmittel behandelt werden, um die Keimbildung einzuschränken.

Bewahren Sie Obst und Gemüse möglichst getrennt voneinander auf. Auch geerntete Früchte und Gemüse leben und strömen z.B. Ethylengas aus, das andere Sorten schneller reifen und altern lässt. Fleisch und Fisch in der verschlossenen Verpackung lassen oder in luftdichten Boxen im Kühlschrank aufbewahren.

6.4 Kräuter

Bei der Aufbewahrung und Lagerung von Heilkräutern, müssen gewisse Grundregeln beachtet werden. Grundsätzlich müssen Heilkräuter geschützt vor direkter Sonneneinstrahlung, vor Feuchtigkeit und vor heißen Temperaturen gelagert werden.

Als Gefäße für die Lagerung von Heilkräutern können Gläser, Keramik-Behälter und zur Not auch Plastik-Dosen eingesetzt werden. Plastik ist aber ein sehr unreines Material und sollte daher wirklich nur eine kurzfristige Notlösung sein. Bei Glasbehältern ist darauf zu achten, dass dunkles Glas verwendet wird.

Heilkräuter können nicht beliebig lange aufbewahrt werden. Die Haltbarkeit von Heilkräutern ist auf jeden Fall begrenzt. Durch die Haltbarkeitsdauer kann durch sachgerechte Lagerung wesentlich erhöht werden. So soll der Lagerplatz dunkel, eher kühl und absolut trocken sein. Ein Medizinschrank aus Holz, der nicht direkt bei einer Wärmequelle platziert ist wäre ideal. Um Ihre Heilkräuter nicht wegwerfen zu müssen, kaufen Sie nicht zu große Mengen an Heilpflanzen. Beschriften Sie die Behälter mit dem Namen des Heilkrauts und dem Datum der Ernte bzw. der Verarbeitung.

7 Weitere Ernährungsvorschläge

Folgende Syndrome der Diätetik, der TCM oder als Therapieergänzung bei Krebs sind verfügbar.

DIÄTETIK
1. Ernährung des Säuglings - Beikost
2. Ernährung in der Stillzeit
3. Ernährung im Alter
4. Ernährung von Kindern und Jugendlichen
5. Ernährung von Sportlern
6. Leichte Vollkost
7. Schwangerschaft
8. Vollkost

Eiweiß und Elektrolyt – Nieren
9. (Hämo-)Dialysebehandlung
10. Akutes Nierenversagen
11. Chronische Niereninsuffizienz
12. Nephrotisches Syndrom
13. Nierensteine (Nephrolithiasis)

Gastrointestinaltrakt - Bauchspeicheldrüse
14. Akute Pankreatitis (Entzündung der Bauchspeicheldrüse)
15. Chronische Pankreatitis (Entzündung der Bauchspeicheldrüse)

Gastrointestinaltrakt - Dünndarm und Dickdarm
16. Akute Obstipation (Verstopfung)
17. Chronische Obstipation (Verstopfung)
18. Colon irritabile
19. Divertikulitis
20. Erworbene Laktoseintoleranz (Laktosemalabsorption)
21. Fruktosemalabsorption
22. Glutensensitive Enteropathie (Zöliakie)
23. Kolektomie
24. Kurzdarmsyndrom

Gastrointestinaltrakt - Leber, Gallenblase, Gallenwege
25. Akute und chronische Hepatitis (Entzündung der Leber)
26. Cholelithiasis (Gallensteine)
27. Fettleber
28. Leberzirrhose

Gastrointestinaltrakt - Magen und Zwölffingerdarm
29. Akute Gastritis
30. Chronische Gastritis
31. Magenblutung
32. Ulcus ventriculi und Ulcus duodeni
33. Zustand nach Magenoperation

Gastrointestinaltrakt - Mundhöhle und Speiseröhre
34. Mundschleimhautentzündung
35. Ösophaguskarzinom (Speiseröhrenkrebs)
36. Reflüxösophagitis (Sodbrennen)

spezielle Krankheiten
37. Phenylketonurie (PKU)
38. Rheumatische Gelenkserkrankungen

Stoffwechsel
39. Adipositas (Übergewicht)
40. Diabetes mellitus
41. Essstörungen (Untergewicht)
Fettstoffwechsel
42. Hypercholesterinämie (erhöhter Cholesterinspiegel)
43. Hepatische Enzephalopathie
Herz- und Kreislauf
44. Arteriosklerose (Arterienverkalkung)
45. Herzinsuffizienz
46. Hypertonie (Bluthochdruck)
47. Hyperurikämie und Gicht
veränderter Nährstoffbedarf
48. bei Fieber
49. bei malignen Erkrankungen
50. nach Verbrennungen
51. Strahlen- und Chemotherapie

KREBS
100. Bauchspeicheldrüse
101. Blasenkrebs
102. Blutkrebs (Leukämie)
103. Brustkrebs
104. Darmkrebs
105. Magenkrebs
106. Nierenkrebs
107. Speiseröhrenkrebs

TCM
200. Blase - Feuchte Hitze in der Blase
201. Blase - Feuchtigkeit und Kälte in der Blase
202. Blase - Leere und Kälte in der Blase
203. Dickdarm - Äußere Kälte befällt den Dickdarm
204. Dickdarm - Feuchte Hitze im Dickdarm
205. Dickdarm - Hitze blockiert den Dickdarm II akut
206. Dickdarm - Trockenheit des Dickdarms
207. Dickdarm - Yang Mangel (Kälte)
208. Herz - Blut Mangel
209. Herz - Blut Stagnation
210. Herz - Feuer
211. Herz - Heißer Schleim verstopft die Herzporen
212. Herz - Kalter Schleim verstopft die Herzporen
213. Herz - Qi Mangel
214. Herz - Yang Mangel
215. Herz - Yin Mangel
216. Leber - aufsteigender Leber-Yang
217. Leber - Blut-Mangel
218. Leber - Blut-Stagnation
219. Leber - feuchte Hitze in Leber und Gallenblase
220. Leber - Feuer
221. Leber - Gallenblase Qi-Leere
222. Leber - Kälte im Lebermeridian
223. Leber - Qi-Stagnation

224. Leber - Wind
225. Leber - Wind mit aufsteigendem Leber Yang
226. Leber - Wind mit Blutleere
227. Leber - Wind mit extremer Hitze
228. Lunge - Qi Mangel
229. Lunge - Schleim-Feuchtigkeit in der Lunge
230. Lunge - Schleim-Hitze in der Lunge
231. Lunge - Schleim-Kälte in der Lunge
232. Lunge - Trockenheit der Lunge
233. Lunge - Wind-Hitze befällt die Lunge
234. Lunge - Wind-Kälte befällt die Lunge
235. Lunge - Yin Mangel
236. Magen - Blutstagnation
237. Magen - Feuer
238. Magen - Magenkälte mit Flüssigkeit
239. Magen - Nahrungsstagnation
240. Magen - Qi Mangel
241. Magen - rebellierendes Magen Qi
242. Magen - Yin Leere
243. Milz - Hitze und Feuchtigkeit befällt die Milz
244. Milz - Kälte und Feuchtigkeit befällt die Milz
245. Milz - Qi Mangel
246. Milz - Qi Mangel + Absinkendes MilzQi
247. Milz - Qi Mangel + Milz kontrolliert das Blut nicht
248. Milz - Yang Mangel
249. Niere - Herz und Niere kommunizieren nicht mehr
250. Niere - Jing Mangel
251. Niere - Nieren können das Qi nicht empfangen
252. Niere - Qi ist nicht fest
253. Niere - Yang Mangel
254. Niere - Yin Mangel